Helga Hofmann
Thomas Marktanner

GU Naturführer
Schmetterlinge

Tagfalter und Nachtfalter

Die wichtigsten Tag- und Nachtfalter Europas kennenlernen und bestimmen

GU GRÄFE UND UNZER

Einstecken – Natur entdecken

Die farbenprächtigen Schmetterlinge gehören zweifellos zu den apartesten Geschöpfen der Natur. Als zartgeflügelte Schönheiten faszinieren sie stets von neuem durch ihre bunte Vielfalt, die oftmals erstaunliche Entwicklungs- und Lebensweise sowie ihre verblüffenden Fähigkeiten. Auch die auf den ersten Blick unscheinbaren Raupen der Schmetterlinge lassen beim genauen Hinsehen eine überraschende Formen- und Farbenvielfalt erkennen.
Der neue *GU Naturführer »Schmetterlinge«* ist mit seinem handlichen Einsteckformat maßgeschneidert für alle, die auf Streifzügen durch die Natur und auf Reisen Schmetterlinge kennenlernen und bestimmen wollen. Mit 245 brillanten Farbfotos, 50 farbigen Zeichnungen zur Biologie des Schmetterlings sowie von Raupen und deren typischer Nahrungspflanze und in ausführlichen Beschreibungen stellt er europäische Tagfalter sowie die wichtigsten Nachtfalter vor. Dort, wo sich die Geschlechter stark unterscheiden oder Flügelober- und -unterseite verschiedene kennzeichnende Muster aufweisen, wird dies in einem zweiten Bild der vorgestellten Art gezeigt - entweder auf der (rechten) Bildseite oder innerhalb der (linken) Textseite.
Die leicht verständlichen *Steckbrieftexte* informieren über die wichtigsten Kennzeichen, Vorkommen, Flugzeit und Lebensweise der Falter, außerdem über die Lebensweise, Nahrungspflanzen und Verpuppung der dazugehörigen Raupe sowie die Überwinterung der beschriebenen Art.
Das Kapitel »Kleine Schmetterlingskunde« (Seite 146) vermittelt Interessantes zur Biologie der Schmetterlinge, zu Körperbau und Sinnesleistungen, zu Überlebensstrategien und Fortpflanzung sowie zur Lebensweise der Raupe und ihrer wunderbaren Verwandlung in den Falter. Beispiele, wie verblüffend sich Falter, Raupen und Puppen tarnen können, zeigt das Bildtableau auf den Seiten 150/151. Im Abschnitt »Gefährdung und Schutz« (Seite 154) wird aufgezeigt, warum die Zahl der bunten Gaukler in unserer Kulturlandschaft immer kleiner wird und was jeder einzelne für den Schutz und die Erhaltung der Schmetterlinge tun kann. Im *Register* (Seite 156) sind die beschriebenen Arten unter ihren deutschen und lateinischen Namen zu finden.

Die Autorin:

Dr. Helga Hofmann ist Biologin, arbeitet an der Ludwig-Maximilians-Universität München und verfaßte zahlreiche Natur-Sachbücher, u. a. die GU Naturführer »Säugetiere« sowie »Tiere in Natur und Garten«.

Der Fotograf:

Thomas Marktanner ist seit 30 Jahren Naturfotograf und Schmetterlingskundler. Neben der Faunistik gilt sein besonderes Engagement dem Artenschutz. Am vorliegenden Buch wirkte er zudem als Fachberater mit.

Die sechs Kennfarben

Seite 8–25	Unter der gelben Kennfarbe sind Ritterfalter sowie Weißlinge zu finden.
Seite 26–55	Unter der roten Kennfarbe sind Edelfalter zu finden.
Seite 56–79	Unter der grünen Kennfarbe sind Augenfalter zu finden.
Seite 80–101	Unter der blauen Kennfarbe sind Bläulinge zu finden.
Seite 102–111	Unter der braunen Kennfarbe sind Dickkopffalter zu finden.
Seite 112–145	Unter der grauen Kennfarbe sind Nachtfalter aus verschiedenen Familien zusammengefaßt.

Verwendete Symbole

♂ Männchen
♀ Weibchen

Vom Ei zum Falter –

Gelege (1)

Schlüpfen der Räupchen (2)

Jungraupengesellschaft (3)

Die Entwicklungsstadien, die ein Schmetterling durchläuft, bis er als bunter Falter durch die Luft flattern kann, sind hier am Beispiel des **Tagpfauenauges** gezeigt.
Die Eier werden vom Schmetterlingsweibchen als Haufen auf die Unterseite eines Brennesselblatts geheftet (1). Nach etwa 2 Wochen schlüpfen daraus die kleinen Räupchen (2). Sie bleiben gesellig beieinander, umgeben von einem feinen Gespinst, das sie nur zum Fressen verlassen (3). Dank ihrem grenzenlosen Appetit wachsen sie rasch heran. Weil ihnen ihre Haut dabei in Abständen immer wieder zu eng wird, müssen sie sich mehrmals häuten. Nach der letzten Häutung (4) streben die Raupengeschwister auseinander und heften sich einzeln mit dem Hinterende an Pflanzenstengel oder Blätter. Ihre Haut platzt im Nacken auf, und die zunächst noch weiche und bewegliche Puppe windet und zappelt sich frei (5, 6). Zuletzt haftet die Raupenhaut nur noch als Knäuel am Schwanzende der Puppe,

Raupen nach letzter Häutung (4)

Zur Verpuppung aufgehängt (5)

die wunderbare Verwandlung

Zum Abflug bereit (11)

Falter an Puppenhülle (10)

deren Chitinhülle allmählich erhärtet (7). In dieser Puppenhülle vollzieht sich nun die tiefgreifende Umwandlung von der Raupe zum flugfähigen Falter. Sie ist gewöhnlich nach etwa 14–18 Tagen abgeschlossen, der fertige Falter sprengt dann die Puppenhülle und zwängt sich heraus (8, 9). Noch naß und mit schlaffen, stark zerknitterten Flügeln hängt er eine Weile an der leeren Puppenhülle (10). Indem er Blutflüssigkeit und Luft in die Flügeladern pumpt, entfaltet er seine Flügel (11). Das dauert rund 10 Minuten, und einige Stunden später sind die Flügel auch soweit erhärtet, daß der Schmetterling sich in die Lüfte erheben kann.

Falter schlüpft aus (9)

Beginn des Schlüpfens (8)

Raupenhaut gibt Puppe frei (6)

fertige Puppe (7)

1 Schwalbenschwanz

Papilio machaon
(Ritterfalter)

Kennzeichen: Spannweite 6 bis 8 cm. Kräftig gelb-schwarz gezeichnet, Hinterflügel mit blaubestäubter Binde und orange bis rotbraun gefülltem Augenfleck, Hinterflügel mit schwanzartigen Fortsätzen, denen der Falter seinen Namen verdankt.
Vorkommen: In ganz Europa (außer Irland), von den Meeresküsten bis in 2000 m Höhe; vorwiegend auf blütenreichen Magerwiesen und Ödland, auch in Gärten.
Flugzeiten: Anfang April bis Oktober in 2–3 Generationen, in höheren Lagen meist nur eine Generation.
Lebensweise: Flugstarker Falter, der weit umherschweift; besucht Blüten, um Nektar zu saugen; ♂ versammeln sich oft um Hügelkuppen und erwarten dort die ♀ zur Paarung; Eiablage einzeln an Stengel, Blätter und Blütenstiele der Raupenfutterpflanzen.
Raupe: In der Jugend schwarz mit weißem »Sattel« und roten Warzen, später grünlich mit schwarzen Ringeln und orangefarbenen Punkten, unbehaart; Drüsen an der bei Gefahr ausgestülpten Nackengabel verströmen einen unangenehmen Geruch. Frißt einzeln auf Wilder Möhre, Wiesenkümmel, Fenchel und anderen Doldenblütlern; tagaktiv. Verpuppt sich zu einer grünen oder braunen Gürtelpuppe, die an einen Pflanzenstengel geheftet ist.
Überwinterung: Als Puppe an einem Pflanzenstengel, oft abseits der Fraßpflanze.
Besonderheit: Die in Skandinavien verbreitete Unterart ist blasser gelb als die mitteleuropäischen Exemplare.

2 Segelfalter

Iphiclides podalirius
(Ritterfalter)

Kennzeichen: Spannweite 6 bis 7,5 cm, ♀ etwas größer als ♂. Dem Schwalbenschwanz ähnlich, aber in der Grundfärbung blasser gelblich bis fast weiß, schwarze Zeichnung in Form unterschiedlich langer Binden, Hinterflügel mit deutlich längeren Schwanzfortsätzen, schwarz-blaue Augenflecken, die inneren mit orangefarbenem, mondförmigem Hof.
Vorkommen: In Südeuropa, nördlich der Alpen nur regional in besonders milden Gebieten, im Bergland bis 1600 m Höhe; besonders an felsigen, aber blumenreichen Stellen mit buschiger Vegetation.
Flugzeiten: Anfang April bis Ende August in 1–2 Generationen.
Lebensweise: Schweift in weitem Gebiet umher und besucht Blüten, um Nektar zu saugen; benutzt gern thermische Aufwinde zum Segeln; ♂ versammeln sich zur Paarungszeit um Hügelkuppen, um dort auf ♀ zu warten; Eiablage einzeln auf der Ober- oder Unterseite von Blättern.
Raupe: Ungewöhnlich dick, grün mit braunen Flecken, einem gelben Rücken- und seitlichen Schrägstreifen, schwer zu entdecken. Stülpt zur Feindabschreckung im Nackenbereich eine gelbe, gabelförmige Duftdrüse hervor. Lebt einzeln auf Schlehe, aber auch auf Felsenkirsche, Weißdorn, Felsenbirne und einigen Obstgehölzen. Verpuppt sich an einem Zweig des Nahrungsstrauchs zu einer Gürtelpuppe.
Überwinterung: Als Puppe, wobei die überwinternden Exemplare im Gegensatz zu den grünen Puppen der Sommergeneration braun sind.

1

2

1 Osterluzeifalter

Zerynthia polyxena
(Ritterfalter)

Kennzeichen: Spannweite 4,5 bis 5,5 cm. Lebhafte schwarze und rote Musterung auf blaßgelber Grundfarbe, auf den Vorderflügeln allerdings keine oder nur sehr kleine rote Flecken.
Vorkommen: Südlich der Alpen, in Niederösterreich, Ungarn und in den östlichen Mittelmeerländern; an sonnigen, trockenen Hängen bis etwa 800 m Höhe.
Flugzeiten: Anfang April bis Ende Mai in einer Generation.
Lebensweise: Sehr wärmeliebend, fliegt gewöhnlich nur bei Sonnenschein; besucht Blüten; Eiablage einzeln oder in Grüppchen auf Blüten oder Blattunterseiten der Raupenfutterpflanze.
Raupe: Rötlichgelb oder grau mit zahlreichen rotbraunen, an der Spitze schwarzen, borstig behaarten Dornen. Lebt und frißt an Osterluzei-Arten, nimmt dabei die Giftstoffe der Pflanze auf und wird dadurch, wie später auch der Falter, für Vögel und andere Insektenfresser ungenießbar. Verpuppt sich zu langer, schlanker, grauer Gürtelpuppe.
Überwinterung: Als Puppe, nicht selten zweimal.
Besonderheit: Fehlt auf der Iberischen Halbinsel, wo jedoch die ähnliche Art *Z. rumina* vorkommt (ausgedehnte rote Fleckenzeichnung auch auf den Vorderflügeln).

2 Apollo

Parnassius apollo
(Ritterfalter)

Kennzeichen: Spannweite 6,5 bis 8 cm. Flügel weißlich, am Rand mehr oder weniger transparent (»Glassäume«), mit schwarzen Flecken, Hinterflügel mit roten oder orangefarbenen, schwarzumrandeten Augenflecken, die meist weiß gekernt sind. Hinterleib beim ♂ (Bild) stark, beim ♀ spärlich oder gar nicht behaart.
Vorkommen: In gebirgigen Gegenden ganz Europas, bis über 2000 m Höhe; vor allem auf Felsfluren, Felssteppen und steinigen Hängen, vorwiegend in Kalkgebieten.
Flugzeiten: Anfang Mai bis Ende September in einer Generation.
Lebensweise: Fliegt langsam und flatternd, segelt auch gelegentlich; besucht zur Nahrungsaufnahme Blüten (bevorzugt violette, z. B. Disteln), auf denen er auch oft übernachtet; ♀ heften die Eier einzeln an die Raupenfutterpflanze oder an Steine, Zweige oder dürre Halme in deren unmittelbarer Nähe.
Raupe: Schwarz mit kleinen, stahlblauen Warzen und Reihen orangeroter Flecken, kurz behaart. Frißt nur bei Sonnenschein, und zwar an Weißer und Großer Fetthenne; in der Jugend gesellig, später einzeln. Verpuppt sich zu einer dicken, bläulichweiß bereiften Puppe, die in einem feinen Gespinst am Boden liegt.
Überwinterung: Meist als Ei, in dem die Raupe jedoch schon voll entwickelt ist; manche auch als Jungraupen.
Besonderheit: Es gibt zahlreiche lokale Rassen, die sich hauptsächlich durch die grau oder gelblich getönte Grundbeschuppung sowie in der Farbe und Größe der Augenflecken unterscheiden.

1

2

1 Hochalpen-Apollo

Parnassius phoebus
(Ritterfalter)

Kennzeichen: Spannweite 6 bis 7 cm. Dem Apollo (siehe Seite 10) sehr ähnlich, das ♂ meist etwas gelblicher, das ♀ (Bild) in der Grundfärbung grauer, meist auch auf den Vorderflügeln kleine, rote Augenflecken.
Vorkommen: Nur in den Alpen, zwischen 1500 und 2600 m Höhe, bevorzugt in der Nähe von Bächen oder nassen Geländestellen.
Flugzeiten: Ende Juni bis Anfang September in einer Generation.
Lebensweise: Ähnlich der des Apollo; ♂ fliegt vormittags oft rastlos an Bächen entlang, um paarungswillige ♀ aufzuspüren; ♀ heftet Eier einzeln an die Raupenfutterpflanze, auch an Steine, trockene Ästchen o. ä. in deren Nähe oder läßt sie einfach fallen.
Raupe: Schwarz mit kurzen Haaren, die auf kleinen Warzen stehen, orange bis zitronengelbe Fleckenreihen. Lebt nur auf Fetthennen-Steinbrech. Verpuppt sich am Boden zu einer gedrungenen, braunen Puppe, die in ein lockeres Gespinst eingebettet liegt.
Überwinterung: Als Ei, in dem die Raupe bereits voll entwickelt ist, seltener als Jungräupchen.

2 Schwarzer Apollo

Parnassius mnemosyne
(Ritterfalter)

Kennzeichen: Spannweite 5,2 bis 6 cm. Im Gegensatz zu den übrigen Apollo-Arten nur schwarze, keine roten Flecken.
Vorkommen: In ganz Europa (außer Iberische Halbinsel, England und Nordskandinavien) an feuchten, grasigen Stellen, vegetationsreichen Laubwaldrändern und auf Waldwiesen, in Höhenlagen von 500 bis über 1600 m. Nur noch wenige, inselartige Vorkommen.
Flugzeiten: Mitte Mai bis Mitte August in einer Generation.
Lebensweise: Rascher Flug; läßt sich bei Störungen einfach ins Gras fallen; ♂ fliegt bis in die frühen Vormittagsstunden rastlos umher und sucht nach ♀; erst danach Nahrungsaufnahme an Blüten; ♀ heftet die Eier an Steine, Holz oder dürre Halme, dort, wo im Frühjahr Lerchensporn, die Futterpflanze der Raupen, wächst. (Zur Zeit der Eiablage im Sommer ist der Lerchensporn bereits wieder eingezogen.)
Raupe: Schwarz, kurz behaart, mit Längsreihen gelber bis oranger Flecken an den Seiten. Lebt an verschiedenen Lerchenspornarten; frißt nur bei schönem Wetter, sonst unter Blättern oder Steinen verborgen. Verpuppt sich in einem lockeren Gespinst am Boden zu einer lehmgelben Puppe.
Überwinterung: Als Ei, in dem die Raupe schon fertig ausgebildet ist, gelegentlich auch als frischgeschlüpftes Räupchen.

Die Raupe des Schwarzen Apollos lebt nur auf Lerchensporn.

1

2

1 Tintenfleck-Weißling

Senfweißling, Tintenfleck
Leptidea sinapis
(Weißlinge)

Kennzeichen: Spannweite 3,5 bis 4,2 cm. ♀ fast reinweiß, ♂ mit grauem bis schwarzem Fleck an der Spitze der Vorderflügeloberseite. (Bild: ♂ und ♀)
Vorkommen: In fast ganz Europa (außer Schottland und Nordskandinavien), bis in 2000 m Höhe; bevorzugt an Waldrändern, auf Lichtungen, in Auen und Parks.
Flugzeiten: Anfang April bis Ende Oktober in 2–3 Generationen, in höheren Lagen nur eine Generation (Juli/August).
Lebensweise: Langsam flatternder Flug; besucht Blüten; Eier werden einzeln an die Blattunterseiten der Raupenfutterpflanze geklebt.
Raupe: Grün mit dünnen, gelben Seitenstreifen, kurz behaart. Lebt vor allem auf Wiesen-Platterbse, auch auf Berg-Platterbse, Hornklee, Bunter Kronwicke und anderen Schmetterlingsblütlern. Verpuppt sich, am Stengel der Nahrungspflanze befestigt, zu einer Gürtelpuppe, die einem abgestorbenen Blatt gleicht.
Überwinterung: Als Puppe.

2 Zitronenfalter

Gonepteryx rhamni
(Weißlinge)

Kennzeichen: Spannweite 5 bis 6 cm. Beide Flügelpaare mit kleinen, spitzen Zipfeln; ♂ (Bild) kräftig zitronengelb, ♀ gelblich- bis grünlichweiß (wird nicht selten für einen Kohlweißling gehalten), jeweils mit kleinem, orangefarbenem Punkt in der Flügelmitte. Setzt sich stets mit geschlossenen Flügeln.
Vorkommen: In ganz Europa (außer Nordirland, Schottland und Nordskandinavien), im Gebirge bis über 2000 m Höhe; häufig im Wald und in Waldnähe, aber auch auf buschbestandenen Flächen, in Parks und Gärten.
Flugzeiten: Anfang Juli bis Oktober, nach der Überwinterung erneut von Februar/März bis Juni in einer Generation; verfällt in heißen Sommerwochen in eine Sommerstarre.
Lebensweise: Fliegt im Frühjahr als einer der ersten Schmetterlinge umher; saugt Nektar aus Blüten. ♂ patrouillieren auf der Suche nach ♀ mit großer Ausdauer an Waldrändern oder Lichtungen entlang. Beim »Hochzeitsflug« fliegt das ♀ voraus, das ♂ folgt, wie von einem unsichtbaren Faden gezogen, in gleichbleibendem Abstand. Mit Paarung und Eiablage, die meist schon im April stattfinden, schließt sich der Lebenskreis des Falters.
Raupe: Grün mit weißlichem Seitenstreifen, unbehaart. Lebt auf Faulbaum und Kreuzdorn; fertigt sich neben der Mittelrippe des Blattes, auf dem sie sich gerade aufhält und frißt, ein »Ruhekissen« aus feinem Gespinst. Verpuppt sich zu einer auffallend eckigen, grünen Puppe mit hellgelben Seitenstreifen, die mit einem Gespinstgürtel an den Stengel der Nahrungspflanze geheftet ist.
Überwinterung: Als Falter; setzt sich dazu meist an eine immergrüne Pflanze. Einziger mitteleuropäischer Falter, der überwintert, ohne ein geschütztes Versteck aufzusuchen. Eine Art »Frostschutzmittel« in der Körperflüssigkeit verhindert ein Erfrieren.
Besonderheit: Der Zitronenfalter ist mit einer Lebensspanne von 10–11 Monaten der langlebigste unserer heimischen Schmetterlinge.

1

2

1 Weißklee-Gelbling

Goldene Acht
Colias hyale
(Weißlinge)

Kennzeichen: Spannweite 4,4 bis 5 cm. ♂ (Bild) hellgelb, ♀ weißlichgelb, beide mit diffuser schwärzlicher Randbinde und zentralem schwarzem Fleck auf der Oberseite der Vorderflügel, Unterseite der Hinterflügel mit zwei kleinen, aneinandergrenzenden Ringen, die eine »8« darstellen (Name!).
Vorkommen: In Mittel- und Osteuropa, als Zuwanderer gelegentlich bis Mittelskandinavien, im Gebirge bis in 2000 m Höhe; in offenem Gelände, häufig auf Viehweiden und Kleefeldern.
Flugzeiten: Anfang Mai bis Ende Oktober in 2–3 Generationen, in höheren Lagen meist nur eine Generation.
Lebensweise: Vagabundiert weit umher; saugt Nektar an Blüten; die zuerst weißlichen, später rotbraunen Eier werden einzeln auf die Blattoberseite der Futterpflanze gelegt.
Raupe: Grün mit feinen, schwarzen Fleckchen, jederseits eine gelbliche oder rötliche Längslinie. Lebt vor allem auf Luzerne, aber auch auf anderen Kleearten und verwandten Schmetterlingsblütlern. Verpuppt sich zu einer grünen Gürtelpuppe.
Überwinterung: Als Raupe.

2 Wander-Gelbling

Postillion
Colias crocea
(Weißlinge)

Kennzeichen: Spannweite 4,5 bis 5,2 cm. Flügeloberseiten orangegelb bis orangerot, Unterseiten gelb; im Gegensatz zum ♂ (Bild) trägt das ♀ gelbe Flecken in den schwarzen Flügelsäumen. ♀ gelegentlich auch weißlich.
Vorkommen: In warmen Gebieten Europas, vor allem im Tiefland, nur selten über 1600 m Höhe; dringt in manchen Jahren bis England und Skandinavien vor; in offenem, trockenem Gelände.
Flugzeiten: Anfang April bis Anfang November in (vermutlich) 2–3 Generationen.
Lebensweise: Schneller Flieger, der als Wanderfalter über weite Strecken nordwärts zieht; saugt an nektarreichen Blüten; ♀ legt Eier einzeln auf die Blattoberseiten der Raupenfutterpflanzen.
Raupe: Dunkelgrün mit gelben Seitenlinien, die von schwarzen Punkten und roten Strichen markiert sind. Lebt vor allem auf Luzerne, aber auch auf anderen Schmetterlingsblütlern. Verpuppt sich zu einer grünen Gürtelpuppe.
Überwinterung: Als Raupe, jedoch nur in frostfreien Gegenden; in nördlichen Teilen des Verbreitungsgebiets jährliche Neubesiedelung durch zuwandernde Falter.
Weitere Art: In Mittel- und Nordeuropa kommt in blütenreichen Randzonen von Hochmooren sowie in kühlen Zwergstrauchheiden im Gebirge bis in 2500 m Höhe der **Hochmoor-Gelbling** (Zitronengelber Heufalter, Moorgelbling, *Colias palaeno*, Bild 3) vor. Der Falter fliegt von Anfang Mai bis Ende Oktober, die dunkelgrüne, seitlich leuchtendgelb gestreifte Raupe lebt an Rauschbeere (Moorbeere).

1

2

3

1 Großer Kohlweißling

Pieris brassicae
(Weißlinge)

Kennzeichen: Spannweite 5,3 bis 6,5 cm. Vorderflügel mit schwarzen Spitzen, beim ♀ (kleines Bild) zusätzlich mit zwei schwarzen Flecken, Flügelunterseiten gelblich.
Vorkommen: In ganz Europa, im Gebirge bis in 2000 m Höhe; bevorzugt auf freien Flächen, als Kulturfolger in Gärten und Parks, auf Wiesen und Äckern, überall häufig.
Flugzeiten: Anfang April bis Oktober in 2–3 Generationen.
Lebensweise: Temperamentvolle Balzflüge in auffälligen Spiralen; Paare haften bei der Kopulation oft lange aneinander, fliegen bei Störungen gepaart davon; ♀ heften die goldgelben Eier in Gruppen dicht nebeneinander auf die Blattunterseiten der Raupenfutterpflanzen.
Raupe: Gelblichgrün mit schwarzen, ungleich großen Flecken und gelben Rücken- und Seitenlinien, kurz behaart. Lebt vor allem an verschiedenen Kohlarten, aber auch auf Kapuzinerkresse, Hederich, Senf-Arten und anderen Pflanzen, wobei die Nahrungspflanzen z. T. regelrecht skelettiert werden. Jungraupen verbleiben zunächst in der Gruppe, vereinzeln sich später; Verpuppung an der Futterpflanze oder in deren Nähe zu einer gelbgrünen Gürtelpuppe mit schwarzem Punktemuster.
Überwinterung: Als Puppe, häufig an Gebäuden, in Mauerritzen, unter Fenstersimsen u. ä.

2 Kleiner Kohlweißling

Rübenweißling
Pieris rapae
(Weißlinge)

Kennzeichen: Spannweite 4 bis 5,2 cm. Abgesehen von der geringeren Größe dem Großen Kohlweißling recht ähnlich; ♂ (Bild) aber mit einem dunklen Fleck auf den Vorderflügeln, dessen Intensität stark schwankt.
Vorkommen: In ganz Europa bis in 2000 m Höhe, überall häufig, gelegentlich sogar Massenauftreten.
Flugzeiten: Mitte März bis Oktober in 2–4 Generationen.
Lebensweise: Ähnlich der des Großen Kohlweißlings. Eier werden meist einzeln auf den Blattunterseiten der Raupenfutterpflanzen abgelegt.
Raupe: Hellgrün mit feiner, gelber Rückenlinie, kurz behaart. Frißt als Einzelgänger in der ersten Generation an Raps, Ackersenf, Hederich und anderen Pflanzen, in der zweiten Generation vorzugsweise an Kohlarten (eher im Inneren von Kohlköpfen als an den äußeren Blättern). Verpuppt sich an der Futterpflanze oder in deren Nähe zu einer Gürtelpuppe.
Überwinterung: Als Puppe.
Besonderheit: Wohl der häufigste Tagfalter überhaupt.

Das Weibchen des Großen Kohlweißlings trägt schwarze Punkte auf den Vorderflügeln.

1

2

1 Grünader-Weißling

Rapsweißling, Heckenweißling
Pieris napi
(Weißlinge)

Kennzeichen: Spannweite 4 bis 4,6 cm. Sehr ähnlich dem Kleinen Kohlweißling (siehe Seite 18), Äderung der Flügelunterseite dunkel bestäubt. Saisonbedingte Unterschiede in Größe und Färbung, Frühjahrsgeneration kleiner, dafür dunkler und deutlicher gezeichnet. (Bild: ♀)
Vorkommen: In ganz Europa, bis in 2000 m Höhe; überall häufig, bevorzugt an kühlen, feuchten Stellen, auf Wiesen, an buschigen Hängen und Laubwaldrändern.
Flugzeiten: Mitte März bis Oktober in 2–3 Generationen, in höheren Lagen eine Generation.
Lebensweise: Flugtüchtiger Falter, der gerne wandert; trinkt häufig Nektar von Blüten, besonders gern von Disteln; die ♀ legen ihre grünlichen, spindelförmigen Eier einzeln oder in kleinen Grüppchen auf die Blattunterseiten der Raupenfutterpflanzen.
Raupe: Schlank, grün mit kleinen, schwarzbehaarten Warzen, schwarze Stigmen gelb umrandet. Lebt auf Wiesenschaumkraut und anderen Schaumkrautarten, Knoblauchsrauke, Ackersenf und anderen Kreuzblütlern. Verpuppt sich an Pflanzenstengeln zu einer gelblichgrünen, schwarzgetupften Gürtelpuppe.
Überwinterung: Als Puppe. Im Gegensatz zu Sommerpuppen sind überwinternde Puppen weißlich und kaum gezeichnet.

2/3 Bergweißling

Pieris bryoniae
(Weißlinge)

Kennzeichen: Spannweite 4,2 bis 4,7 cm. ♂ (Bild 2) weiß mit zartgrauer Flügeläderung, kaum zu unterscheiden von dem des Grünader-Weißlings, ♀ (Bild 3) meist kräftig gelblichgrau mit breiten, dunkelgrau oder -braun bestäubten Adern, bisweilen auch mit gänzlich grauen oder braunen Flügeln.
Vorkommen: Inselartig in den europäischen Gebirgen zwischen 800 und 2000 m Höhe sowie in Skandinavien; auf Almwiesen, im Norden auch auf Heideland.
Flugzeiten: Anfang Mai bis Ende August in 1–2 Generationen.
Lebensweise: Besucht Blüten zum Nektarsaugen; die grünlichen Eier werden einzeln auf die Raupenfutterpflanzen gelegt.
Raupe: Schlank, mattgrün mit kleinen, schwarzbehaarten Warzen. Lebt auf Brillenschötchen, Schaumkraut-Arten und anderen alpinen Kreuzblütlern. Verpuppt sich an Pflanzenstengeln zu blaßgrüner Gürtelpuppe, die vor dem Schlüpfen des Falters deutlich rote Flügelscheiden aufweist.
Überwinterung: Als Puppe.
Besonderheit: Bildet aufgrund seines isolierten Vorkommens mehrere geographische Rassen und darüber hinaus zahlreiche Individualformen.

1

2

3

1 Baumweißling

Aporia crataegi
(Weißlinge)

Kennzeichen: Spannweite 6 bis 7 cm. Weiße, beinahe transparente Flügel mit auffälliger schwarzer Äderung. Raschelndes Fluggeräusch.
Vorkommen: In ganz Europa (außer Nordskandinavien und England), im Bergland bis über 1600 m Höhe; in offenem Gelände, Obstgärten und Auen. Kann lokal in großer Zahl auftreten, dann wieder jahrelang völlig ausbleiben.
Flugzeiten: Mitte Mai bis Ende Juli in einer Generation.
Lebensweise: Eleganter, ausdauernder Flieger; saugt Nektar an Blüten; ♂ führt auffällig flatternden Balzflug auf; ♀ setzt Eier in dichten Gelegen (sog. »Spiegeln«) auf die Blattoberfläche eines Raupenfutterbaums.
Raupe: Aschgrau mit schwarzen und orangefarbenen Längsstreifen, dicht behaart. Lebt auf Weißdorn-Arten, Schlehe, Eberesche, Obstbäumen und anderen Laubgehölzen. Verpuppt sich zu gelber, schwarzgetupfter Gürtelpuppe.
Überwinterung: Als Jungraupen in einem gemeinsamen Gespinstnest zwischen zusammengesponnenen Blättern des Futterbaums.
Besonderheit: Massenauftreten, durch die der Baumweißling früher oft in Obstgärten zum Schädling wurde, sind heute selten geworden.

Die Raupe des Baumweißlings lebt u. a. auf Weißdorn.

2 Reseda-Weißling

Resedafalter
Pontia daplidice
(Weißlinge)

Kennzeichen: Spannweite 3,5 bis 4,8 cm. Weiße Flügel, oberseits mit braunen bis schwarzen Flecken, die beim ♀ (Bild) dunkler und größer ausgeprägt sind als beim ♂; Hinterflügel unterseits mit olivgrünen Flecken.
Vorkommen: In Süd- und Mitteleuropa bis gegen 2000 m Höhe, nördlich der Alpen in stark wechselnder Häufigkeit, meist jedoch nur lokal begrenzt; bevorzugt trockenes, sonniges, oft steiniges oder sandiges Ödland.
Flugzeiten: Anfang April bis Mitte Oktober in 2–3 Generationen.
Lebensweise: Fliegt rasch und im Zickzack, meist niedrig über dem Boden; wandert in manchen Jahren über weite Strecken nordwärts; Eiablage einzeln an die Blüten und Blätter der Raupenfutterpflanzen.
Raupe: Graugrün mit kleinen schwarzen Punktwarzen und vier gelben Längslinien. Lebt auf Wau-Arten (Reseda), Weißem Senf und anderen Kreuzblütlern; verpuppt sich an der Futterpflanze zu einer Gürtelpuppe.
Überwinterung: Als Puppe.

1

2

1 Aurorafalter

Anthocaris cardamines
(Weißlinge)

Kennzeichen: Spannweite 3,5 bis 4,5 cm. Grundfarbe weiß, graue Vorderflügelspitze, beim ♂ äußere Hälfte der Vorderflügel leuchtend orange, bisweilen auch dunkelgelb (Bild rechts), ♀ (kleines Bild) ohne Orange- oder Gelbfärbung, Hinterflügel bei beiden Geschlechtern unterseits grünlich marmoriert.
Vorkommen: In ganz Europa (außer Südspanien und Nordskandinavien) bis in 2000 m Höhe; vor allem in lichten Wäldern, an Waldrändern und auf feuchten, blumenreichen Wiesen.
Flugzeiten: Ende März bis Ende Juli in einer Generation.
Lebensweise: Eifriger Blütenbesucher; ruht mit zusammengeklappten Flügeln, wobei ihm die marmorierte Unterseite eine gute Tarnung verleiht; ♀ sofort nach dem Schlüpfen kopulationsbereit, erwartet ♂, indem es mit halb aufgeklappten Flügeln am Boden sitzt; legt Eier einzeln an Stengel und Blütenknospen der Raupenfutterpflanzen.
Raupe: Blaugrün mit kleinen schwarzen Pünktchen und breiten, weißen Seitenstreifen. Lebt auf Wiesen- und anderen Schaumkraut-Arten, Knoblauchsrauke, Turmkraut und anderen Kreuzblütlern, deren Blüten und Samenkapseln sie frißt; ausgewachsene Raupe verläßt die Futterpflanze und verpuppt sich an einem Pflanzenstengel in der Umgebung zu einer schmalen, gebogenen, grünen oder bräunlichen Gürtelpuppe.
Überwinterung: Als Puppe, zuweilen zweimal.

2 Gelber Aurorafalter

Anthocaris euphenoides
(Weißlinge)

Kennzeichen: Spannweite 3,2 bis 3,8 cm. ♂ (Bild) in der Grundfarbe sattgelb mit orangeroter Vorderflügelspitze, ♀ gelblichweiß mit bräunlich-oranger Flügelspitze.
Vorkommen: In Südwesteuropa und den Tälern der Südalpen bis in 2000 m Höhe.
Flugzeiten: Anfang April bis Ende Juni in einer Generation.
Lebensweise: Besucht Blüten, häufig diejenigen von Brillenschötchen-Arten; ansonsten ähnlich der des Aurorafalters.
Raupe: Grünlich mit deutlichen schwarzen Punkten, weißen Seitenstreifen und gelb-schwarzer Rückenzeichnung. Lebt ausschließlich auf Brillenschötchen-Arten; verpuppt sich zu einer grünen, braunen oder grauen, stark gebogenen Gürtelpuppe.
Überwinterung: Als Puppe.

Dem Weibchen des Aurorafalters fehlt das kennzeichnende Orange des Männchens.

1

2

1/2 Großer Eisvogel

Limenitis populi
(Edelfalter)

Kennzeichen: Spannweite 6,5 bis 8 cm, ♀ größer als ♂ (Bild 1). Oberseite dunkelbraun mit weißen, orangefarbenen und schwarzen Flecken, beim ♀ vor allem die weiße Zeichnung stärker ausgeprägt; Flügelunterseite (Bild 2) lebhaft orangebraun und graublau gemustert.
Vorkommen: In Nord- und Mitteleuropa bis weit in den Osten (fehlt in Westeuropa und auf den Britischen Inseln), in den Alpen bis in 1500 m Höhe; in feuchten, lichten Laubwäldern; nirgends häufig.
Flugzeiten: Ende Mai bis Anfang August in einer Generation.
Lebensweise: Fliegt hauptsächlich in Baumwipfelhöhe, kommt nur zur Wasser- und Nahrungsaufnahme auf den Boden; saugt an nasser Erde, Tierkot und Kadavern; ♂ ruhen häufig auf bestimmten Zweigen und warten dort mit ausgebreiteten Flügeln auf vorbeikommende ♀; männliche Konkurrenten werden mit heftigen Angriffen vertrieben; ♀ legen die Eier einzeln auf die Blattoberseite der Raupenfraßbäume, meist genau auf die Blattspitzen.
Raupe: Grün, beidseitig ein helles, unregelmäßiges Band, schwarze Schattenzeichnung, 2 Reihen von Rückendornen, davon vorderstes Paar am längsten. Lebt auf Zitterpappeln, aber auch auf anderen Pappelarten. Verpuppt sich zu einer Stürzpuppe, die an einem Blatt festgesponnen ist.
Überwinterung: Als Jungraupe, einzeln oder in kleinen Grüppchen in einem zusammengerollten Blatt an einer Zweigspitze.

3 Kleiner Eisvogel

Limenitis camilla
(Edelfalter)

Kennzeichen: Spannweite 5 bis 6 cm. Oberseits schwarzbraun mit weißer Binde, unterseits ähnlich bunt gemustert wie der Große Eisvogel, aber nicht so farbintensiv.
Vorkommen: Verbreitungsgebiet etwa wie Großer Eisvogel; in feuchten Auen und lichten Laubwäldern, an Waldwegen und Einschlägen.
Flugzeiten: Mitte Juni bis Mitte August in einer Generation, im Süden teilweise von Mai bis September in 2 Generationen.
Lebensweise: Fliegt meist in geringer Höhe über der Erde; besucht auch Blüten; sonst ähnlich dem Großen Eisvogel.
Raupe: Grün mit purpurroter Unterseite und 2 Reihen unterschiedlich langer Rückendornen. Frißt auf Roter Heckenkirsche, Wald-Geißblatt und Schneebeere; verpuppt sich zu weißlichgrauer Stürzpuppe.
Überwinterung: Als Raupe, wie beim Großen Eisvogel.

Die Raupe des Kleinen Eisvogels frißt auf der Roten Heckenkirsche.

1

2

3

1 Blauschwarzer Eisvogel

Limenitis reducta
(Edelfalter)

Kennzeichen: Spannweite 4,4 bis 5,2 cm. Oberseits blauschillernd schwarz mit weißen Binden, die aus einzelnen Flecken bestehen; unterseits ähnlich dem Großen Eisvogel (siehe Seite 26), aber Farben satter, Muster klarer konturiert.
Vorkommen: In Südeuropa, bis in 1600 m Höhe, nördlich der Alpen nur lokal in sehr milden Gegenden; an trockenen Waldrändern und in Buschlandschaften.
Flugzeiten: Mitte Mai bis August oder September in 1–2 Generationen.
Lebensweise: Wärmeliebend, sonnt sich oftmals auf Blattwerk von Sträuchern, die Flügel weit ausgebreitet; Eiablage einzeln an Blattmittelrippen des Raupenfutterstrauchs.
Raupe: Grün mit weißen Längsstreifen, Bauch und Nachschieber dunkelrot, 2 Reihen rotbrauner Rückendornen. Lebt auf Roter Heckenkirsche und Jelängerjelieber. Verpuppt sich zu grauer Stürzpuppe.
Überwinterung: Als Jungraupe, eingesponnen in ein tütenförmig aufgerolltes Blattstück.

2 Großer Schillerfalter

Apatura iris
(Edelfalter)

Kennzeichen: Spannweite 6 bis 7,4 cm. Dunkelbraun mit weißen Binden und Flecken, nur ♂ (Bild rechts) metallisch blau schillernd; Flügelunterseiten (kleines Bild) orangebraun mit weißer Bänderung und Fleckung, Augenfleck auf den Vorderflügeln.
Vorkommen: In ganz Europa (außer Nordskandinavien, dem Norden Großbritanniens und weiten Teilen Südeuropas) in lichten Au- und Mischwäldern bis 1500 m Höhe, gern an Bächen, Flüssen oder Seeufern.
Flugzeiten: Mitte Juni bis Ende August in einer Generation.
Lebensweise: Fliegt meist auf Höhe der Baumwipfel, kommt nur zur Wasser- und Nahrungsaufnahme zum Boden herunter; saugt an feuchten Bodenstellen, Aas, Exkrementen und Baumsaft; Eiablage einzeln auf die Blattoberseiten der Raupenfutterpflanze.
Raupe: Zuerst braun, ausgewachsen grün mit gelben Schrägstrichen, am Kopfende 2 Hörner mit roter Spitze, sonst glatt, in der Form einer Nacktschnecke ähnlich. Lebt vor allem auf Salweide, auch auf anderen Weidenarten sowie verschiedenen Pappelarten; sitzt in Ruhe mitten auf der Blattfläche, ihrer Tarnfärbung vertrauend. Verpuppt sich auf der Blattunterseite zu einer grünen Stürzpuppe.
Überwinterung: Als Jungraupe, auf einem gesponnenen Polster an einen Zweig des Futterbaums geschmiegt.

Die Flügelunterseiten des Großen Schillerfalters sind lebhaft gemustert.

1

2

1 C-Falter

Polygonia c-album
(Edelfalter)

Kennzeichen: Spannweite 4,5 bis 5 cm. Stark gezackte Flügelkonturen; oberseits dunkelbraune bis schwarze Flecken auf rotbrauner Grundfarbe; unterseits (kleines Bild) unscheinbar braun marmoriert, auf den Hinterflügeln ein kleines, weißes »C«.
Vorkommen: In ganz Europa (außer Nordwestskandinavien) bis in 1900 m Höhe; an Waldrändern und auf Lichtungen, in Auen und buschreichem Gelände, nicht selten auch in Gärten.
Flugzeiten: Mitte Juni bis Oktober, nach der Überwinterung noch einmal ab März bis Mitte Mai in 2 Generationen.
Lebensweise: Besucht Blüten, saugt aber auch an Baumsäften und Früchten; ♀ legt Eier einzeln an Blättern ab.
Raupe: Schwarz mit orangeroter Bänderung und großem, weißem Rückenfleck (ähnelt Vogelkot), stark bedornt. Lebt einzeln auf Salweide, Großer Brennessel, Hopfen, Stachelbeere, Roter Johannisbeere, Ulmenarten und Hasel. Verpuppt sich zu schlanker, graubrauner Stürzpuppe.
Überwinterung: Als Falter.

Besonderheit: Die unregelmäßige Flügelform und die rindenartige Zeichnung der Unterseite, die in Ruhehaltung sichtbar wird, stellen eine hervorragende Tarnung dar.

2 Trauermantel

Nymphalis antiopa
(Edelfalter)

Kennzeichen: Spannweite 6 bis 6,5 cm. Samtig dunkelbraun, breiter gelber Saum (nach der Überwinterung weißlich ausgeblichen), begleitet von blauer Fleckenreihe; unterseits dunkelgraubraun mit weißlichem Saum.
Vorkommen: In ganz Europa (außer Nordwestskandinavien) bis in 2000 m Höhe; in Auwäldern und lichten Mischwäldern, an buschigen, wenig besonnten Hängen. Kulturflüchter.
Flugzeiten: Mitte Juli bis Ende September, nach der Überwinterung erneut ab März bis Juni, in einer Generation.
Lebensweise: Besucht Blüten und saugt an Säften »blutender« Bäume, reifen Früchten und nasser Erde; ♂ patrouillieren auf der Suche nach ♀ oft an Waldwegen entlang; heftet Eier in dichten Reihen rund um Zweige; in heißen Hochsommerwochen wird oft eine Sommerruhe eingelegt.
Raupe: Schwarz mit schwarzen Dornen und einer Reihe rostroter Rückenflecken. Lebt gesellig in einem lockeren Gespinstnest auf Salweide und anderen Weidenarten sowie verschiedenen Birkenarten; verpuppt sich zu bräunlichgrauer Stürzpuppe.
Überwinterung: Als Falter.

Der C-Falter verdankt seinen Namen dem kleinen, weißen »C« auf der Unterseite der Hinterflügel.

1

2

1 Großer Fuchs

Nymphalis polychloros
(Edelfalter)

Kennzeichen: Spannweite 5,4 bis 6,4 cm. Orangerot mit schwarzen Flecken und gelblichen Aufhellungen, schwarzer Saum oft nur an den Hinterflügeln mit blauen Flecken; Flügelunterseite braun marmoriert (kleines Bild).
Vorkommen: In ganz Europa mit Ausnahme des äußersten Nordens, bis über 1500 m Höhe, aber nirgends häufig; an Waldrändern und in offenem Gelände mit einzelnen Bäumen oder Büschen, Parks.
Flugzeiten: Mitte Juni bis Ende Juli, nach Überwinterung ab März bis Ende Mai in einer Generation.
Lebensweise: Schnelle, ungestüme Flugweise; saugt an Blüten, im Frühjahr an Weidenkätzchen und Baumsäften; Gelege wird ringförmig um Zweigspitzen geklebt.
Raupe: Schwarz mit gelben bis orangen Längsstreifen, stark bedornt. Lebt gesellig in einem losen Gespinst, in erster Linie auf Salweide, aber auch auf anderen Bäumen. Verpuppt sich abseits des Fraßbaums in der Bodenvegetation, an dürren Ästen oder Steinen zu einer braunen Stürzpuppe mit metallisch glänzenden Flecken.
Überwinterung: Als Falter.

2 Kleiner Fuchs

Aglais urticae
(Edelfalter)

Kennzeichen: Spannweite 4 bis 5 cm. Orangerot, Fleckenzeichnung ausgedehnter als beim Großen Fuchs, kleiner weißer Fleck an der Vorderflügelspitze, Flügelsäume stets mit deutlichen blaucn Randflecken; Unterseite braun, Vorderflügel mit breiten sandfarbenen Partien.
Vorkommen: In ganz Europa, von der Meeresküste bis in 3000 m Höhe; in Gärten, Parks, Heckenlandschaften, Brachland und überall sonst, wo die Futterpflanze wächst.
Flugzeiten: Mitte Mai bis Ende September, nach Überwinterung erneut ab Februar/März bis Mai, in 2–3 Generationen, in höheren Lagen nur eine Generation.
Lebensweise: Besucht Blüten; Eier werden in Häufchen auf die Unterseite junger Blätter gelegt. Bei Faltern der zweiten und dritten Generation häufig Wandertrieb, der sie mehr als 100 km vom Schlüpfort wegführen kann.
Raupe: Schwarz mit gelber Längsstreifung, dornig behaart. Lebt ausschließlich auf Großer Brennessel; bis zur letzten Häutung als Gruppe in gemeinsamem Gespinst, danach einzeln; verpuppt sich oft weitab von der Nahrungspflanze an einem Pflanzenstengel zu einer graubraunen Stürzpuppe mit goldglänzenden Flecken.
Überwinterung: Als Falter in geschützten Schlupfwinkeln, oft in Kellern, Schuppen, Dachböden (Kulturfolger).

Die rindenähnlich gefärbte Flügelunterseite des Großen Fuchses macht den ruhenden Falter sehr unauffällig.

1

2

1 Distelfalter

Cynthia (Vanessa) cardui
(Edelfalter)

Kennzeichen: Spannweite 5 bis 6 cm. Blaßorange mit schwarzen, auf den Vorderflügeln auch weißen Flecken; auf der Unterseite der Hinterflügel eine Reihe von 5 Augenflecken (kleines Bild).
Vorkommen: In ganz Europa, bis in 2000 m Höhe; hauptsächlich in offenem Gelände, auch in Gärten.
Flugzeiten: Wandert ab April zu, dann Juni bis Oktober in 2–3 Generationen, Rückflug im Herbst.
Lebensweise: Besucht Blüten, saugt auch an Fallobst; Eiablage einzeln an Blättern der Raupenfutterpflanzen.
Raupe: Grau oder schwarz, mit gelben Linien an den Seiten. Lebt an verschiedenen Distelarten, Großer Brennessel, Gewöhnlichem Beifuß und vielen anderen Pflanzen; frißt in zusammengesponnenen Blättern. Verpuppt sich im Schutzgespinst zu graubrauner Puppe mit goldglänzenden Flecken.
Überwinterung: Als Falter, jedoch nur südlich der Alpen.
Besonderheit: Wandert im Frühjahr regelmäßig aus Südeuropa über die Alpen nordwärts, wo er sich den Sommer über vermehrt und im Herbst zugrundegeht.

2/3 Landkärtchen

Gitterfalter, Netzfalter
Araschnia levana
(Edelfalter)

Kennzeichen: Spannweite 3,2 bis 4 cm. Frühjahrsgeneration oberseits rotbraun mit schwarzen Flecken (Bild 2); Sommergeneration schwarzbraun mit weißen Binden; rostbraune Flügelunterseiten mit heller, gitterartiger, namengebender Linienzeichnung (Bild 3).
Vorkommen: In einem breiten Streifen von Frankreich über Mitteleuropa bis in den gemäßigten Osten Europas, nicht über 1000 m Höhe, in Südeuropa nur inselartig und selten; in Auen und lichten, feuchten Mischwäldern, bevorzugt in schattigen Bereichen.
Flugzeiten: Ende April bis Mitte Juni und Anfang Juli bis Ende August in 2 Generationen.
Lebensweise: Sehr flugaktiver Falter; besucht Blüten; ♀ heftet die grünen, zylindrischen Eier zu »Türmchen« aufeinandergestapelt an die Unterseite von Brennesselblättern.
Raupe: Schwarz, stark bedornt. Lebt gesellig an den Blattunterseiten der Großen Brennessel. Verpuppt sich zu graubrauner Stürzpuppe.
Überwinterung: Als Puppe.
Besonderheit: Ob sich die Puppe sogleich weiterentwickelt oder überwintert, hängt von der während der Raupenentwicklung herrschenden Tageslänge ab. Die Färbung der entstehenden Falter wird in erster Linie durch die Umgebungstemperatur bestimmt.

Deutlich ist hier die charakteristische Reihe der Augenflecken auf den Hinterflügeln des Distelfalters zu erkennen.

1

2

3

1 Admiral

Vanessa atalanta
(Edelfalter)

Kennzeichen: Spannweite 5 bis 6 cm. Schwarzbraun mit roten Bändern und weißen Flecken; Vorderflügel unterseits lebhaft bunt, Hinterflügelunterseite unscheinbar graubraun marmoriert (kleines Bild).
Vorkommen: In ganz Europa mit Ausnahme des hohen Nordens, bis in 2000 m Höhe; meist in baumbestandenem Gelände wie lichten Wäldern, Parks, Gärten.
Flugzeiten: Zuwanderung ab Mai, im übrigen von Juli bis Oktober in 2–3 Generationen; teilweise Rückflug im Herbst.
Lebensweise: Saugt gern an Fallobst und ausfließendem Baumsaft, besucht auch Blüten; schlägt beim Saugen meist heftig mit den Flügeln; ♀ legt Eier einzeln auf Blätter der Raupenfutterpflanze.
Raupe: Variiert in der Färbung von schwarz über grünlichgrau bis gelbbraun, mehr oder weniger stark gefleckt, kurz bedornt. Lebt an Großer Brennessel, wo sie einzeln in zusammengesponnenen Blattüten frißt. Verpuppt sich zu graubrauner Stürzpuppe mit goldglänzenden Flecken, die an der Unterseite eines Blatts hängt.
Überwinterung: Als Falter, jedoch nördlich der Alpen nur sehr vereinzelt. Die meisten versuchen, nach Süden zurückzuwandern.
Besonderheit: Wanderfalter, der alljährlich, vom Wind unterstützt, bis zu mehrere tausend Kilometer nordwärts zieht. Fliegt auf der Reise meist einzeln.

2 Tagpfauenauge

Inachis io
(Edelfalter)

Kennzeichen: Spannweite 5,5 bis 6 cm. Grundfarbe rot, auf jedem Flügel ein großer, mehrfarbiger Augenfleck; Flügelunterseite schwärzlichbraun.
Vorkommen: In ganz Europa (außer Nordskandinavien) bis in 2000 m Höhe; in Gärten, Obstgärten und Parks, an blumenreichen Waldrändern und in feuchtem Wiesen- und Buschland.
Flugzeiten: Ende Juni bis Oktober, nach Überwinterung erneut ab März bis Juni, in 1–2 Generationen.
Lebensweise: Saugt Nektar an vielerlei Blüten; ♀ legt die Eier in Häufchen auf die Blattunterseite der Raupenfutterpflanze.
Raupe: Schwarz mit zahlreichen weißen Punkten und glänzendschwarzen Dornen. Lebt gesellig auf Großer Brennessel und Hopfen; hält sich in Freßpausen in spinnwebartigem Gespinst auf; verpuppt sich, meist in Rinden- oder Mauerritzen, zu grüner oder graubrauner Stürzpuppe.
Überwinterung: Als Falter in geschützten Hohlräumen wie Baumlöchern oder Dachböden.

In Ruhehaltung verdeckt der Admiral seine bunten Vorderflügel mit den unscheinbaren Hinterflügeln.

1

2

1 Erdbeerbaumfalter

Charaxes jasius
(Edelfalter)

Kennzeichen: Spannweite ♂ 6,5 bis 7,5 cm, ♀ 8–9 cm. Hinterflügel mit je 2 schmalen Zipfeln. Oberseite dunkelbraun mit goldgelbem bis orangem äußeren Flügelsaum, Unterseite (Bild) lebhaft bunt gemustert.
Vorkommen: In den Mittelmeerländern; überwiegend im Küstengebiet, in trockenem, hügeligem Gelände bis in 800 m Höhe.
Flugzeiten: Mai bis September in 2 Generationen.
Lebensweise: Fliegt sehr schnell und meist hoch über dem Boden; Nahrungsaufnahme an faulenden Früchten, Aas oder Exkrementen; ruht gern an äußeren Ästchen des Erdbeerbaums; verteidigt sein Revier nicht nur gegen Artgenossen, sondern auch gegen andere Falter; ♀ legt Eier einzeln auf die Blattoberfläche des Futterbaums.
Raupe: Kräftig grün mit gelben Pünktchen und Seitenlinien, am Rücken 2 Augenflecken, am Kopf 4 rotbraune Dornen, Hinterende gegabelt. Lebt ausschließlich auf Erdbeerbaum; verpuppt sich daran zu einer blaugrünen Stürzpuppe.
Überwinterung: Als Raupe auf immergrünen Pflanzen.

2 Kaisermantel

Argynnis paphia
(Edelfalter)

Kennzeichen: Spannweite 5,6 bis 6,5 cm. ♂ (Bild) kräftig orange mit schwarzen Tupfen und Streifen, ♀ dunkler gemustert; unterseits mit überwiegend olivgrüner Grundfarbe, Hinterflügel mit zarter, silbrigweißer Bänderung.
Vorkommen: In fast ganz Europa (außer auf Kreta, in Südspanien und Nordskandinavien), im Gebirge bis über 1500 m Höhe; überwiegend an Waldrändern, auf Lichtungen und in Auen.
Flugzeiten: Ende Juni bis Mitte September in einer Generation.
Lebensweise: Besucht Blüten, vor allem Disteln und andere Korbblütler; ♂ führt kompliziertes Balzspiel auf, in dessen Verlauf die Fühler des ♀ die Duftschuppen an seinen Vorderflügeln berühren: ein spezifischer, vom ♂ abgegebener Duftstoff bringt ♀ in Paarungsstimmung; Eiablage einzeln an Baumstämmen in der Nähe der Raupenfutterpflanzen.
Raupe: Schwarzbraun mit 2 orangegelben Rückenlinien, lange, rötlichbraune Dornen. Lebt an Waldveilchen, Rauhhaarigem Veilchen und anderen Veilchenarten; frißt meist nachts, hält sich am Tage verborgen, oft in einiger Entfernung von der Futterpflanze; verpuppt sich, zumeist in der Bodenvegetation, zu einer Stürzpuppe.
Überwinterung: Als winzige Jungraupen, meist in Ritzen von Baumrinde.

Die Raupe des Kaisermantels frißt nur an Veilchen, hält sich jedoch nicht ständig an ihrer Futterpflanze auf.

1

2

1 Großer Perlmutterfalter

Mesoacidalia aglaja
(Edelfalter)

Kennzeichen: Spannweite 5 bis 6 cm, ♀ deutlich größer als ♂. Von oben dem Kaisermantel (siehe Seite 38) ähnlich, entlang den Flügelrändern jedoch eine Reihe schwarzer Dreiecke; Unterseite der Hinterflügel grünlich übergossen und mit einer Vielzahl rundlicher, wie Perlmutt schimmernder Silberflecken.
Vorkommen: In ganz Europa, im Gebirge bis zur Baumgrenze, z. T. in über 2000 m Höhe; an Waldsäumen und auf Lichtungen, in Mooren und auf Magerwiesen.
Flugzeiten: Mitte Juni bis Ende August in einer Generation.
Lebensweise: Besucht Blüten, besonders Disteln und andere Korbblütler; Eiablage an Blätter oder Stengel der Raupenfutterpflanze.
Raupe: Jung schwärzlich mit silbergrauen Längsstreifen, ausgewachsen samtschwarz, seitlich mit einer Reihe orangeroter Flecken, schwarz bedornt. Lebt auf Wildem Stiefmütterchen und verschiedenen Veilchenarten; frißt nachts, hält sich tagsüber – auch abseits von der Nahrungspflanze – verborgen. Verpuppung in der Bodenvegetation zu einer Stürzpuppe, die in zusammengesponnenen Blättern oder Grashalmen befestigt wird.
Überwinterung: Als Jungraupe an der Basis der Futterpflanze.

2 Kleiner Perlmutterfalter

Issoria (Argynnis) lathonia
(Edelfalter)

Kennzeichen: Spannweite 3,6 bis 4,8 cm. Ähnlich dem Großen Perlmutterfalter, aber deutlich kleiner, Vorderflügelaußenrand leicht eingebuchtet; Flügelunterseiten (kleines Bild) mit besonders glänzenden Perlmuttflecken, auch auf der Vorderflügelspitze.
Vorkommen: Wanderfalter, der jedes Jahr von Südeuropa aus nach Norden zieht, in manchen Jahren bis England und Mittelskandinavien; in den Alpen bis in 2500 m Höhe; bevorzugt auf Ödland, Heide, Stoppelfeldern, an sandig-trockenen Stellen, auch in Küstendünen.
Flugzeiten: Mitte April bis Anfang November in 2–3 Generationen, in höheren Lagen nur eine Generation.
Lebensweise: Sehr schneller Flieger; besucht Blüten, vorzugsweise Disteln und andere Korbblütler; ♀ legt Eier einzeln an Blattstiel der Raupenfutterpflanzen.
Raupe: Schwarz mit doppelter weißer Rückenlinie, rotbraun bedornt. Lebt an Acker- und Wildem Stiefmütterchen. Verpuppt sich in der Bodenvegetation zu goldbrauner Stürzpuppe mit hellen Streifen.
Überwinterung: Nördlich der Alpen als Raupe, im Süden auch als Puppe oder Falter.

Die hellen Flecken auf den Flügelunterseiten des Kleinen Perlmutterfalters schimmern tatsächlich wie Perlmutt.

1

2

1 Mädesüß-Perlmutterfalter

Violetter Silberfalter
Brenthis ino
(Edelfalter)

Kennzeichen: Spannweite 3,6 bis 4,2 cm. Auf orangeroter Grundfarbe schwarzes Tupfen- und Streifenmuster; Unterseite der Vorderflügel wie Oberseite, nur blasser, Hinterflügel mit Felder- und Kringelzeichnung, schmaler Streifen in der Flügelmitte blauviolett übergossen.
Vorkommen: Zerstreut in Mittel- und Nordeuropa sowie Südosteuropa, im Gebirge bis in 2000 m Höhe, fehlt auf den Britischen Inseln; in feuchtem, offenem Waldland, auf Sumpfwiesen und in Torfmooren.
Flugzeiten: Ende Mai bis Mitte August in einer Generation.
Lebensweise: ♂ macht auf der Suche nach ♀ regelrechte Patrouillenflüge; ♀ heftet die gelblichen, rotbraun gestreiften Eier einzeln an Blattunterseiten der Raupenfutterpflanzen.
Raupe: Gelblich graubraun mit breitem weißlichen Seitenstreifen und 6 Reihen gelblicher Dornen. Frißt hauptsächlich an Mädesüß, aber auch an Großem und Kleinem Wiesenknopf und einigen anderen Pflanzen; frißt meist nachts, bei trübem Wetter aber auch am Tage; ruht gelegentlich zum Sonnen auf der Bodenvegetation. Verpuppt sich zu gelblichbrauner Stürzpuppe mit metallisch glänzenden Flecken.
Überwinterung: Als Ei, in dem die kleine Raupe schon fertig entwickelt ist.
Besonderheit: Nicht selten auch besonders dunkle, blauschwarz bestäubte ♀.

2/3 Brombeer-Perlmutterfalter

Brenthis daphne
(Edelfalter)

Kennzeichen: Spannweite 4,2 bis 4,8 cm. Oberseits dem Mädesüß-Perlmutterfalter sehr ähnlich, unterseits (Bild 3) an den Hinterflügeln jedoch großflächig blau bis violett übergossen.
Vorkommen: In Süd- und Südosteuropa bis in 1400 m Höhe, in West- und Mitteleuropa nur sehr lokal; in lichten Mischwäldern, an buschbestandenen Waldsäumen.
Flugzeiten: Ende Mai bis Mitte August in einer Generation.
Lebensweise: Besucht Blüten; ♂ verteidigt ein Territorium gegen Konkurrenten; ♀ legt Eier einzeln auf die Blätter der Raupenfutterpflanzen.
Raupe: Schwarzbraun mit gelblicher Doppellinie am Rücken und gelben Seitenstreifen, orangefarbene Dornen an der Spitze schwarz behaart. Lebt an Brombeer- und Himbeersträuchern. Verpuppt sich meist nahe dem Boden zu gelbgrauer Stürzpuppe mit metallisch glänzenden Rückenzacken.
Überwinterung: Meist als Ei, in dem das Räupchen schon fertig entwickelt ist, bisweilen auch als Jungräupchen an der Nahrungspflanze oder in deren Nähe.
Besonderheit: Eine in südlichen Alpentälern lebende Unterart (Bild 2) ist deutlich größer und trägt auf hellerer Grundfarbe eine feinere schwarze Zeichnung.

1

2

3

1 Hochalpen-Perlmutterfalter

Hochgebirgs-Perlmutterfalter
Boloria pales
(Edelfalter)

Kennzeichen: Spannweite 3,2 bis 3,8 cm. Grundfarbe beim ♂ (Bild) kräftig orangerot, beim ♀ grünlichgrau übergossen, schwarze Zeichnung ziemlich fein.
Vorkommen: Inselartig in den Alpen, Pyrenäen, Karpaten und im Kaukasus, zwischen 1500 und 3000 m Höhe; auf blumenreichen Bergwiesen oberhalb der Baumgrenze, stellenweise recht häufig.
Flugzeiten: Mitte Juni bis Mitte September in einer Generation.
Lebensweise: Auffälliger Schwirrflug nahe über dem Boden; besucht Blüten; Eiablage einzeln an der Raupenfutterpflanze.
Raupe: Schwarzbraun mit gelblicher, doppelter Rückenlinie und Reihen tiefschwarzer, gelbgerandeter Flecken, gelbliche Dornen mit schwarzen Borsten. Lebt überwiegend auf Veilchen- und Baldrianarten, aber auch auf anderen Pflanzen. Verpuppt sich an und unter Steinen zu bräunlichgrauer Stürzpuppe.
Überwinterung: Als Jungraupe in dünnem Gespinst, meist als halberwachsene Raupe ein zweites Mal.

Ähnliche Art: In gleicher Verbreitung und Häufigkeit kommt der **Ähnliche Perlmutterfalter** *(Boloria napaea,* Bild 2) vor; etwas größer mit noch feinerer schwarzer Zeichnung, ♀ (Bild) meist dunkel grünlich bis schwärzlich übergossen.

3 Randring-Perlmutterfalter

Moor-Perlmutterfalter
Proclossiana eunomia
(Edelfalter)

Kennzeichen: Spannweite 3,4 bis 4 cm. Gelbbraun bis orange mit schwarzer Tupfen- und Strichezeichnung, Flügelunterseiten (kleines Bild) ohne Perlmuttflecken.
Vorkommen: In Nord- und Nordosteuropa verbreitet, in Mitteleuropa nur inselartig, von Niederungen bis in 1500 m Höhe, auf feuchten Wiesen, meist in Randgebieten von Torfmooren.
Flugzeiten: Ende Mai bis Mitte Juli, in manchen Jahren auch noch im September, in einer Generation.
Lebensweise: Saugt an Blüten, vor allem an Schlangen-Knöterich; Eiablage in kleinen Gelegen an den Blattunterseiten der Fraßpflanzen.
Raupe: Graubraun mit rötlichen Dornen. Als Jungraupe gesellig, später einzeln; frißt nachts auf Schlangen-Knöterich; versteckt sich tagsüber unter Blättern oder in der Streuschicht des Bodens. Verpuppung zu graubrauner Stürzpuppe mit silbrig glänzenden Flecken.
Überwinterung: Meist zweimal, als halberwachsene und noch einmal als ausgewachsene Raupe.

Die hellen Flecken des Randring-Perlmutterfalters haben, entgegen dem Namen des Falters, keinen Perlmuttschimmer.

1

2

3

1 Braunfleckiger Perlmutterfalter

Clossiana (Boloria) selene
(Edelfalter)

Kennzeichen: Spannweite 3,5 bis 4,2 cm. Schwarzes Striche- und Punktemuster auf lebhaft orangerotem Grund, Unterseite (kleines Bild) an den Hinterflügeln und Spitzen der Vorderflügel bunt zusammengesetzt aus gelben, weißen und braunen Feldern.
Vorkommen: In ganz Europa, mit Ausnahme des äußersten Südens und Irlands, in den Bergen bis über 2000 m Höhe; an Waldrändern, buschigen Hängen, in Auen und auf feuchten Wiesen, stellenweise recht häufig.
Flugzeiten: Mitte Mai bis Mitte September in 2 Generationen, in höheren Lagen nur eine Generation.
Lebensweise: Nektaraufnahme an Blüten, besonders gerne an Knautien und Quendel; ♀ heftet Eier einzeln an die Unterseite von Veilchenblättern.
Raupe: Rötlich- oder schwarzbraun mit schwarzem Kopf, weißen Pünktchen, ockerbraunen Dornen und schwarzen Haaren. Liebt den Schatten, lebt einzeln an verschiedenen Veilchenarten, vor allem Sumpf- und Hundsveilchen. Verpuppt sich in der Bodenvegetation zu gelbbrauner Stürzpuppe mit metallisch glänzenden Flecken.
Überwinterung: Als Raupe in einem zusammengerollten Blatt.

2/3 Silberfleck-Perlmutterfalter

Veilchen-Perlmutterfalter
Clossiana (Boloria) euphrosyne
(Edelfalter)

Kennzeichen: Spannweite 3,5 bis 4,5 cm. Ähnlich dem Braunfleckigen Perlmutterfalter, Unterseite der Hinterflügel jedoch überwiegend ockergelb und braunrot gefeldert mit zentralem, länglichem Silberfleck (Bild 3).
Vorkommen: In ganz Europa mit Ausnahme des südlichen Spaniens weit verbreitet, bis in 2000 m Höhe; an Waldsäumen und Waldwegen, auch auf trockenen Wiesen und Heiden.
Flugzeiten: Ende April bis Anfang August in einer Generation, im Süden lokal auch in 2 Generationen.
Lebensweise: Ähnlich dem Braunfleckigen Perlmutterfalter.
Raupe: Schwarzbraun mit unterbrochenem, gelbem, manchmal bläulichem Seitenstreifen, kurze, schwarze Dornen und Haare. Lebt auf Rauhhaarigem Veilchen, Hundsveilchen und anderen Veilchenarten. Verpuppt sich zu Stürzpuppe, die an Pflanzen der Bodenvegetation befestigt wird.
Überwinterung: Als Raupe in einem zusammengedrehten Blatt an der Futterpflanze.

Die Flügelunterseiten des Braunfleckigen Perlmutterfalters wirken wie ein kleines Mosaik.

1

2

3

1 Wegerich-Scheckenfalter

Gemeiner Scheckenfalter
Melitaea cinxia
(Edelfalter)

Kennzeichen: Spannweite 3,4 bis 4,2 cm, ♀ (Bild) etwas größer und meist dunkler als ♂. Flügeloberseiten gelblichbraun mit schwarzer, gitterartiger Zeichnung; unterseits (kleines Bild) Vorderflügel überwiegend ockergelb, Hinterflügel mit ockergelben und weißlichen, gepunkteten Binden.
Vorkommen: In ganz Europa (außer Südspanien, den Britischen Inseln und dem höchsten Norden Skandinaviens) von Niederungen bis über 1700 m Höhe; auf Magerwiesen, trockenem Ödland, an Straßenböschungen.
Flugzeiten: Mitte Mai bis Juli in einer Generation, oder bis August in 2 Generationen.
Lebensweise: Besucht Blüten; Eiablage an der Blattunterseite der Raupenfutterpflanzen.
Raupe: Schwarz mit weißen Pünktchen, Kopf und Bauchfüße rotbraun, kurze, schwarze Dornen. Lebt gesellig in einem spinnwebartigen Gespinst auf Wegericharten, aber auch auf Großem Ehrenpreis und anderen Pflanzen. Verpuppung zu hellgrauer Stürzpuppe mit gelblichen Warzen, die an Pflanzenstengeln befestigt ist.
Überwinterung: Als halberwachsene Raupe in gemeinsamem Gespinst.

2 Baldrian-Scheckenfalter

Melitaea (Mellicta) diamina
(Edelfalter)

Kennzeichen: Spannweite 3,4 bis 4,2 cm. ♂ (Bild) oberseits rotbraun mit dicker, schwarzbrauner Gitterzeichnung; ♀ insgesamt etwas heller, mit gelblichen Zeichnungselementen; Hinterflügelunterseite bunt gefeldert mit einer Reihe dunkler Punkte.
Vorkommen: In ganz Europa (außer Süditalien, der Iberischen Halbinsel, den Britischen Inseln und Nordskandinavien), im Gebirge bis in 2000 m Höhe; auf feuchten Wiesen, in Sümpfen und Hochmooren.
Flugzeiten: Ende Mai bis Ende August in einer Generation.
Lebensweise: Besucht Blüten; ♀ legt die gelblichen Eier in kleinen Gelegen an die Blätter der Raupenfutterpflanzen.
Raupe: Schwarzgrau mit orangegelben, kurzen Dornen. Tagsüber in der Bodenvegetation verborgen, steigt nachmittags an den Futterpflanzen Arzneibaldrian und Sumpfbaldrian hoch. Verpuppung in der Bodenvegetation, auch unter Steinen oder in Felsspalten, zu porzellanartig weißer Stürzpuppe mit schwarzer und oranger Streifen- und Tupfenzeichnung.
Überwinterung: Als junge Raupe, in einem gemeinschaftlichen Gespinst unter dürren Blättern.

Der mit gefalteten Flügeln ruhende Wegerich-Scheckenfalter wirkt sehr bunt.

1

2

1 Roter Scheckenfalter

Feuriger Scheckenfalter
Melitaea didyma
(Edelfalter)

Kennzeichen: Spannweite 3,5 bis 4,5 cm. ♂ feuerrot mit schwarzen Fleckchen und schwarz-weißem Flügelsaum, ♀ (Bild) trübrot bis bräunlich, mit mehr oder weniger dichter schwarzer oder grauer Zeichnung; Flügelunterseiten (kleines Bild) orange und gelblich (beim ♀ weißlich) gebändert, schwarz getupft.
Vorkommen: In ganz Europa (außer Skandinavien, den Britischen Inseln, den Niederlanden und Norddeutschland), im Gebirge bis in 2000 m Höhe; auf Wiesen, trockenen Waldlichtungen, Berghängen, stets an warmen, sonnigen Plätzen.
Flugzeiten: Mitte Mai bis Ende September in einer Generation.
Lebensweise: Besucht zur Nahrungsaufnahme Blüten; Eiablage an den Blattunterseiten der Raupenfutterpflanzen in 2 Lagen übereinander.
Raupe: Ziemlich bunt, auf blaugrauer Grundfarbe weißliche Punkte und Linien, orangerote, schwarzbehaarte Dornen. Lebt einzeln auf Flockenblumen-, Königskerzen-, Ehrenpreisarten und vielen anderen krautigen Pflanzen. Verpuppt sich zu einer weißlichen Stürzpuppe mit schwarzen und orangefarbenen Strichen, die häufig an der Fraßpflanze aufgehängt ist.
Überwinterung: Als Raupe an der Futterpflanze.
Besonderheit: Variiert sehr stark in Färbung und Zeichnung; zahlreiche geographische Unterarten.

2 Flockenblumen-Scheckenfalter

Großer Scheckenfalter
Melitaea phoebe
(Edelfalter)

Kennzeichen: Spannweite 4 bis 4,8 cm. Oberseits ähnlich den anderen Scheckenfaltern, Flügelunterseite fast wie Wegerich-Scheckenfalter (siehe Seite 48), aber ohne schwarze Punkte in den Feldern.
Vorkommen: In Südeuropa und im südlichen Mitteleuropa, in den Alpen bis in 2000 m Höhe; in trockenem Gelände.
Flugzeiten: Mitte Mai bis Anfang September in einer Generation.
Lebensweise: Besucht Blüten; Eiablage in mehreren Gelegen auf die Blätter der Raupenfutterpflanze.
Raupe: Schwarzgrau mit weißlichen Punkten und weißlichgelben oder rotbraunen Seitenstreifen, üppig bedornt. Lebt auf Skabiosen-Flockenblume und anderen Flockenblumenarten, als Jungraupe gesellig in einem Gespinst, später vereinzelt. Verpuppung zu brauner Stürzpuppe.
Überwinterung: Als Raupe in Grüppchen unter dürren Blättern.

Der Rote Scheckenfalter zeigt in Ruhehaltung seine apart gemusterten Flügelunterseiten.

1

2

1 Kleiner Scheckenfalter

Mellicta asteria
(Edelfalter)

Kennzeichen: Spannweite 2,6 bis 2,8 cm. Schwarze Felderzeichnung auf der Flügeloberseite ziemlich eng und breitstrichig, insgesamt dunkle Erscheinung; beim ♀ orangebraune Grundfärbung etwas bleicher; unterseits ähnlich dem Westlichen Scheckenfalter (Bild 2).
Vorkommen: In den Hochalpen zwischen 2000 und 3000 m Höhe; auf Bergwiesen.
Flugzeiten: Anfang Juli bis Ende August in einer Generation.
Lebensweise: Schwirrender Flug; besucht Blüten; ♀ klebt Eier mehrschichtig auf Blattunterseiten der Raupenfutterpflanze.
Raupe: Schwarz mit zarter, gelber Zeichnung und gelblichen Bauchfüßen, bedornt. Lebt auf Alpen-Wegerich. Verpuppt sich an der Nahrungspflanze zu einer dicklichen, bunt gescheckten Stürzpuppe.
Überwinterung: Als Raupe, in der Regel zweimal.
Ähnliche Art: In Südwest- und Westeuropa sowie im südlichen Mitteleuropa, vom Flachland bis kaum über 1800 m Höhe, lebt der etwas größere **Westliche Scheckenfalter** (*Mellicta parthenoides,* Bild 2 und kleines Bild).

3 Wachtelweizen-Scheckenfalter

Mellicta athalia
(Edelfalter)

Kennzeichen: Spannweite 3,5 bis 4 cm. Flügeloberseiten mit schwarzbrauner, netzartiger Gitterzeichnung auf ockergelbem bis kräftig orangem Grund, Flügelunterseiten orange, weiß und gelb gefeldert.
Vorkommen: In ganz Europa (außer Südspanien und Nordengland), in Gebirgen bis über 2000 m Höhe; an Waldrändern und -wegen, auf Lichtungen, auch auf feuchten Wiesen.
Flugzeiten: Mitte Mai bis August in einer Generation, südlich der Alpen bis September in 2 Generationen.
Lebensweise: Saugt Blütennektar, besonders gern an Disteln und Doldenblütlern; gaukelt oft zu mehreren um die Blüten; übernachtet meist an Blumen oder Grashalmen; Balzspiel und Paarung bevorzugt am späten Nachmittag; ♀ heftet Eier in Häufchen an Blattunterseiten.
Raupe: Schwarz mit weißen Pünktchen und dicken, ockergelben Dornen. Lebt und frißt auf Wiesen-Wachtelweizen und anderen krautigen Pflanzen, in der Jugend gesellig, später einzeln. Verpuppt sich in der Bodenvegetation zu weißlicher, schwarz- und braungefleckter Stürzpuppe.
Überwinterung: Als junge Raupen in einem Gemeinschaftsgespinst unter dürren Blättern von Kräutern.
Besonderheit: In Größe, Grundfärbung und Zeichnung sehr veränderlich.

Wie seine Verwandten besucht auch der Westliche Scheckenfalter häufig Blüten.

1

2

3

1 Goldener Scheckenfalter

Skabiosen-Scheckenfalter
Eurodryas (Euphydryas) aurinia
(Edelfalter)

Kennzeichen: Spannweite 3,2 bis 4,3 cm. Kontrastreich gemustert mit rotbraunen und ockergelben, schwarzgerandeten Feldern; Flügelunterseiten mit derselben Zeichnung wie oben, aber wie ausgeblichen.
Vorkommen: In fast ganz Europa (außer in Nordskandinavien und in Teilen des Mittelmeerraums) von Niederungen bis in 1500 m Höhe; hauptsächlich auf Feuchtwiesen und in Niedermooren.
Flugzeiten: Anfang Mai bis Mitte Juli in einer Generation.
Lebensweise: Saugt an Blüten; ♀ legt zitronengelbe Eier, die sich später braun verfärben, in dichtgepackten Gelegen auf Blattunterseiten von Raupenfutterpflanzen.
Raupe: Schwarz mit gepunkteten weißlichen Rücken- und Seitenstreifen, schwarz bedornt. Frißt vorwiegend auf Teufelsabbiß, auch auf Tauben-Skabiose; als Jungraupen gesellig in spinnwebartigen Gespinsten, die oft die ganze Pflanze überziehen; als erwachsene Raupe einzeln, sonnt sich gern am Boden oder auf Gräsern sitzend. Verpuppung zu einer weißen Stürzpuppe mit schwarzen Flecken in der Bodenvegetation.
Überwinterung: Als junge Raupe in einem Gemeinschaftsgespinst, meist an niedrigen Pflanzen in der Nähe der Futterpflanze.
Besonderheit: In Größe, Färbung und Zeichnung äußerst variabel, bildet eine ganze Reihe geographischer Unterarten.

Die Raupe des Goldenen Scheckenfalters lebt vorwiegend auf Teufelsabbiß.

2/3 Veilchen-Scheckenfalter

Hypodryas (Euphydryas) cynthia
(Edelfalter)

Kennzeichen: Spannweite 3,6 bis 4,4 cm. ♂ (Bild 2) auf der Oberseite weiße Fleckenzeichnung, die individuell stark variiert, ♀ ohne Weißfleckung; Felderung der Flügelunterseiten (Bild 3) weißlich und orangebraun gebändert.
Vorkommen: In den Alpen zwischen 1500 und 3000 m Höhe; auf blumenreichen Bergwiesen.
Flugzeiten: Ende Juni bis Ende August in einer Generation.
Lebensweise: Besucht Blüten; ♀ heftet die Eier in Gelegen an die Blätter der Raupenfutterpflanzen.
Raupe: Schwarz mit feiner, gelber Zeichnung, Körper und dicke Dornen schwarz behaart. Lebt gesellig z. B. auf Alpen-Wegerich und Langspornigem Veilchen. Verpuppung zu silbergrauer Stürzpuppe mit schwarzer Zeichnung.
Überwinterung: Zweimal, als junge Raupe in einem gemeinschaftlichen Gespinst, im zweiten Winter als erwachsene Raupe einzeln unter Steinen oder Grasbüscheln.

1

2

3

1 Schachbrett

Damenbrett
Melanargia (Agapetes) galathea
(Augenfalter)

Kennzeichen: Spannweite 4 bis 5 cm. Oberseits schwarz-weiße, schachbrettartige Zeichnung, unterseits kontrastärmer gefeldert, ♂ grau und weiß, ♀ gelblichbraun und weiß.
Vorkommen: In Süd-, Südost- und Mitteleuropa (fehlt auf der Iberischen Halbinsel), von Niederungen bis über 1800 m Höhe; auf Magerrasen und ungedüngten Wiesen, an Waldrändern.
Flugzeiten: Ende Mai bis Anfang September in einer Generation.
Lebensweise: Besucht Blüten zur Nahrungsaufnahme, besonders gerne Korbblütler wie Disteln oder Flockenblumen; ♂ startet schon am frühen Morgen zu Suchflügen knapp über dem Gras nach ♀; Eiablage auf den Boden.
Raupe: Blaßbraun oder gelblichgrün mit rotbraunem Kopf, dunklere Rücken- und Seitenlinien, kurz behaart. Frißt hauptsächlich an Aufrechter Trespe, aber auch vielen anderen Grasarten; tagsüber verborgen; wechselt die Futtergräser, abhängig von deren jeweiligem Nährstoffgehalt. Verpuppt sich am Boden, meist inmitten eines Grasbüschels, zu einer gelblichgrauen Puppe.
Überwinterung: Als frischgeschlüpfte Raupe oder nach der ersten Häutung.

2/3 Gletscherfalter

Alpensamtfalter
Oeneis glacialis
(Augenfalter)

Kennzeichen: Spannweite 4,6 bis 5,5 cm. Beige, rostbraun bis schwärzlich (individuell verschieden) mit dunklem Saum, Vorderflügel mit 1–2, Hinterflügel mit einem dunklen Augenfleck, auf der Unterseite (Bild 3) Hinterflügel mit markanter heller Äderung auf dunklerer Grundfarbe.
Vorkommen: In den Alpen zwischen 1500 und 3000 m Höhe; an felsigen Steilhängen.
Flugzeiten: Ende Mai bis Ende August in einer Generation.
Lebensweise: Besucht Blüten zur Nektaraufnahme, besonders gerne Polsternelken; ruht gern auf dem Boden sitzend; ♂ verteidigt sein Revier, meist von einem freiliegenden Felsen oder einem Stein aus, vehement gegen Artgenossen; Eiablage einzeln an dürre Halme.
Raupe: Rötlichbraun mit schwarzen Rücken- und Seitenstreifen, am Hinterende 2 kurze Afterspitzen. Lebt vor allem an Schafschwingel, in Hochlagen vermutlich auch an anderen Grasarten. Verpuppt sich zu rundlicher Puppe, die frei in der Erde liegt.
Überwinterung: Als Raupe, meist zweimal.
Besonderheit: Tritt nur jedes zweite Jahr häufiger auf.

Die Raupe des Schachbretts frißt an Gräsern, wie hier an einer Fiederzwenke.

1

2

3

1 Blaukernauge

Blauäugiger Waldportier
Minois dryas
(Augenfalter)

Kennzeichen: Spannweite 4,8 bis 6,2 cm, ♂ (Bild) dunkelbraun, auf den Vorderflügeln je 2 schwarze Augenflecken mit hellblauem Zentrum, zuweilen auch auf den Hinterflügeln einen kleinen Fleck; ♀ etwas größer und in der Grundfärbung heller als das ♂.
Vorkommen: In Mittel-, Ost- und Südosteuropa, bis 1500 m Höhe; auf Wiesen, in lichten Wäldern und buschbestandenem Hügelland.
Flugzeiten: Anfang Juli bis Mitte September in einer Generation.
Lebensweise: Fliegt am frühen Vormittag und wieder am späten Nachmittag; auffällig langsamer und schwerfällig flatternder Flug, meist knapp über dem Boden; saugt Nektar an Blüten; ♀ läßt Eier aus dem Flug auf die Wiese fallen.
Raupe: Gelblichgrau mit dunklen Rücken- und Seitenstreifen und braunem Kopf, gabelschwänzig, unbehaart. Frißt an Aufrechter Trespe, Rotem Schwingel, Land-Reitgras, Blauem Pfeifengras und anderen Gräsern. Verpuppt sich zu gedrungener, brauner Puppe, die an der Basis der Futtergräser am Boden liegt.
Überwinterung: Als Raupe an der Nahrungspflanze.
Besonderheit: Einer der wenigen Schmetterlinge, die gleichermaßen in trockenen wie in feuchten Lebensräumen vorkommen.

2 Berghexe

Felsenhexe, Steppenpförtner
Charaza brisei
(Augenfalter)

Kennzeichen: Spannweite 4,6 bis 5,8 cm. Dunkelgraubraun mit schmutzigweißer, unterbrochener Binde über Vorder- und Hinterflügel, in der Vorderflügelbinde 2 dunkle Augenflecken (beim ♀ größer, manchmal auch 3); Flügelunterseiten (Bild) in Grau- und Brauntönen gefleckt.
Vorkommen: In Südeuropa und im südlichen Mitteleuropa bis in 1500 m Höhe; an sonnigen, kurzrasigen, felsigen Hängen, Geröllhalden, in Steinbrüchen, auf steppenartigen Wiesen und in Karstgelände, in der Regel auf kalkigem Untergrund.
Flugzeiten: Mitte Juli bis Mitte September in einer Generation.
Lebensweise: Guter, schneller Flieger; saugt Nektar von Blüten; sitzt gern in vollem Sonnenschein auf der Erde oder auf Steinen (in Ruhehaltung mit geschlossenen Flügeln auf Gestein hervorragend getarnt); ♀ heftet Eier einzeln an Halme von Gräsern.
Raupe: Erdbraun bis gelblichgrau mit schwärzlichen Längsstreifen, am sich verjüngenden Hinterende 2 kurze Afterschwänze, unbehaart. Frißt an Aufrechter Trespe, Schafschwingel, Kalk-Blaugras u. a. Hartgräsern, kriecht von Horst zu Horst, aber insgesamt wenig beweglich. Verpuppt sich, umgeben von einer Art Kokon, in der Erde am Fuß der Grashorste zu einer dicken, glänzend braunen Puppe.
Überwinterung: Als Raupe.
Besonderheit: Bildet eine Reihe geographischer Formen, die sich durch mehr oder weniger starke Ausprägung der hellen Flügelflecken oder durch orangefarbene Flecken unterscheiden.

1

2

1 Weißer Waldportier

Waldpförtner, Schattenkönigin
Brintesia circe
(Augenfalter)

Kennzeichen: Spannweite 6 bis 7,4 cm. Dunkelbraun mit scharf abgegrenzter, weißer Binde, die auf den Vorderflügeln in Flecken aufgelöst ist; im vordersten dieser Flecken ein dunkler Augenfleck; ♂ (kleines Bild) etwas kleiner als ♀ und mit schmälerer Binde; Grundfärbung der Flügelunterseiten (Bild rechts) rindenartig marmoriert.
Vorkommen: Süd- und Mitteleuropa, nördlich der Alpen jedoch nur lokal und selten, bis in 1500 m Höhe; auf trockenen Laubwaldwiesen und Lichtungen, an sonnigen Waldsäumen und bewaldeten oder buschbestandenen Hängen.
Flugzeiten: Ende Juni bis Anfang September in einer Generation.
Lebensweise: Saugt an Blüten oder an reifem Obst; setzt sich zum Ruhen auf Baumstämme, und zwar stets mit geschlossenen, ineinandergeschobenen Flügeln (durch die Färbung der Hinterflügelunterseiten dabei bestens getarnt); ♀ läßt Eier einfach einzeln ins Gras fallen.
Raupe: Braun gestreift mit dünner, schwarzer Rückenlinie, Kopf hellgelb mit schwarzen Streifen, kurzer Gabelschwanz, unbehaart. Lebt an Gräsern wie Aufrechter Trespe und Schafschwingel. Verpuppung in einem Gespinstkokon im Boden oder am Grund eines dichten Grashorsts.
Überwinterung: Als Jungraupe.

2 Ockerbindiger Samtfalter

Rostbinde, Heidefalter
Hipparchia semele
(Augenfalter)

Kennzeichen: Spannweite 4,8 bis 6 cm. Braun mit gelblicher Binde, Vorderflügel mit 2, Hinterflügel mit einem dunklen Augenfleck; Unterseite der Hinterflügel stein- bzw. rindenartig marmoriert (Bild).
Vorkommen: In ganz Europa, mit Ausnahme Nordskandinaviens, bis in 2000 m Höhe; in trocken-warmen, sandigen Gebieten wie lichten Kiefernwäldern, Heiden, Dünen.
Flugzeiten: Ende Juni bis Mitte Oktober in einer Generation.
Lebensweise: Rasanter Flieger; ruht mit geschlossenen Flügeln auf Steinen oder Baumstämmen; saugt gern ausfließenden Baumsaft, aber auch Blütennektar; pfeilschnelle Balzflüge des ♂, anschließend kompliziertes Balzritual; ♀ heftet Eier einzeln an dürre Grashalme.
Raupe: Blaßbraun mit dunkleren Streifen, kurzer Gabelschwanz, unbehaart. Frißt nachts an Aufrechter Trespe, Schafschwingel und anderen Grasarten, hält sich tagsüber am Boden verborgen. Verpuppung in einem Kokon knapp unter der Erdoberfläche.
Überwinterung: Als Raupe.

Der Weiße Waldportier zeigt in Ruhe nur selten seine kontrastreiche Flügeloberseite.

1

2

1/2 Weißbindiger Mohrenfalter

Großer Mohrenfalter, Milchfleck
Erebia ligea
(Augenfalter)

Kennzeichen: Spannweite 4 bis 4,8 cm. Dunkelbraun, orangefarbene Binde mit kleinen Augenflecken, äußerster Flügelsaum hell-dunkel gebändert; ♀ in der Grundfärbung heller braun als ♂ (Bild 1); Unterseiten der Hinterflügel mit schmaler, unregelmäßiger weißer Binde, die an einen Milchspritzer erinnert (Bild 2).
Vorkommen: In Nord-, Mittel- und Südosteuropa, in den Mittelgebirgen und Alpen, jedoch nicht über 1700 m Höhe; in feuchten Laubwäldern, auf Waldwegen und -lichtungen, in blumenreichen Bachtälern.
Flugzeiten: Ende Juni bis Ende August in einer Generation.
Lebensweise: Trinkt Nektar an Blüten; sitzt an trüben Tagen mit geschlossenen Flügeln im Gras, breitet bei Sonnenschein die Flügel aus, um sich durch deren dunkle Oberseitenfärbung rasch aufheizen zu lassen; Eiablage einzeln an dürre Grashalme.
Raupe: Blaß graubraun mit dunklem Rücken- und hellen Seitenstreifen, kleine Afterspitzen, kurzbehaart. Lebt an Waldsegge, Blaugras-Arten und anderen Gräsern. Verpuppt sich frei auf der Erde liegend zu brauner, schwarz gezeichneter Puppe.
Überwinterung: Als Ei (gelegentlich auch als frischgeschlüpfte Raupe) und ein zweites Mal als erwachsene Raupe.

3 Graubindiger Mohrenfalter

Waldteufel
Erebia aethiops
(Augenfalter)

Kennzeichen: Spannweite 3,8 bis 4,8 cm. Oberseits dem Weißbindigen Mohrenfalter sehr ähnlich, aber Flügelsäume gleichmäßig hellbraun, Hinterflügelunterseiten mit breiter, grauer Binde, die beim ♂ (Bild) oft recht schwach ausgeprägt ist.
Vorkommen: Mittel- und Osteuropa einschließlich der Britischen Inseln, fehlt im Mittelmeergebiet und in Skandinavien; in lichten Wäldern, auf Waldwiesen und an krautig bewachsenen Waldsäumen bis in 2000 m Höhe.
Flugzeiten: Anfang Juni bis Ende September in einer Generation.
Lebensweise: Ähnlich der des Weißbindigen Mohrenfalters.
Raupe: Hell bräunlichgrau, an den Seiten eine Reihe schwarzer Punkte, kurzbehaart. Frißt an Aufrechter Trespe, Fiederzwenke, Schafschwingel, Land-Reitgras und anderen Grasarten. Verpuppung am Boden.
Überwinterung: Als junge Raupe in der Bodenvegetation.

Die Raupe des Graubindigen Mohrenfalters frißt an verschiedenen Grasarten, hier an Schafschwingel.

1

2

3

1 Gelbgefleckter Mohrenfalter

Erebia manto
(Augenfalter)

Kennzeichen: Spannweite 3,6 bis 4,2 cm. ♂ (Bild) mit orangeroter, ♀ mit ockergelber, teils in Flecken aufgelöster Binde auf den dunkelbraunen Flügeln; Flügelunterseiten mittelbraun mit orange- oder ockergelben, unregelmäßigen Flecken.
Vorkommen: In den Alpen, Vogesen, Pyrenäen und Karpaten, zwischen 1200 und 2500 m Höhe; auf blumenreichen Bergwiesen, meist in der Nähe der Baumgrenze.
Flugzeiten: Ende Juni bis Mitte August in einer Generation.
Lebensweise: Besucht Blüten, um Nektar zu saugen; Eiablage einzeln an die Halme von Gräsern.
Raupe: Grünlich ockerbraun mit Reihen kommaähnlicher, schwarzer Striche, schwarz beborstet. Lebt an Schafschwingel und anderen Grasarten; nachtaktiv, tagsüber am Boden verborgen. Verpuppung zu ockergelber, schwarzgezeichneter Puppe, die frei am Boden liegt.
Überwinterung: Als Raupe.

2 Rundaugen-Mohrenfalter

Blutgrasfalter
Erebia medusa
(Augenfalter)

Kennzeichen: Spannweite 4 bis 4,8 cm. Dunkelbraun bis fast schwarz, auf jedem Flügel eine Reihe orangegelb umrandeter, schwarzer Augenflecken mit weißem Kern; Flügelunterseite gleich der Oberseite; beim ♀ Grundfarbe heller, Augenflecken etwas größer als beim (abgebildeten) ♂.
Vorkommen: In Mittel- und Nordeuropa bis in 2600 m Höhe; auf feuchten, hochwüchsigen, ungedüngten Wiesen in der Nähe von Waldrändern oder Gebüschen, auch auf Sumpfwiesen.
Flugzeiten: Anfang Mai bis Anfang August in einer Generation.
Lebensweise: Besucht Blüten zum Nektarsaugen; ♀ heftet Eier einzeln an Grashalme.
Raupe: Grasgrün mit schwarzer Rückenlinie, kleine Afterzipfel, kurz beborstet. Lebt an Aufrechter Trespe, Schafschwingel, Rotem Schwingel und anderen Grasarten, frißt nur nachts, tagsüber am Boden verborgen. Verpuppt sich zu dicker, porzellanfarbener Puppe mit dunkelbraunen Streifen und Pünktchen, die aufrecht inmitten eines Grashorsts am Boden steht.
Überwinterung: Als halberwachsene Raupe in der Bodenvegetation.
Besonderheit: Etliche geographische Unterarten bis hin zu fast einfarbigen Faltern ohne Flecken und Augenzeichnung.
Ähnliche Art: In den Alpen, gewöhnlich auf grasreichen Wiesen zwischen 1000 und 1800 m Höhe, fliegt der **Gelbäugige Mohrenfalter** (*Erebia alberganus*, Bild 3), dessen orangefarbene Flügelflecken eher oval und dessen schwarze Augenflecken kleiner sind. Seine dunkelgrüne Raupe lebt an Schafschwingel, Gewöhnlichem Ruchgras und anderen Grasarten.

1

2

3

1 Borstgras-Mohrenfalter

Erebia epiphron
(Augenfalter)

Kennzeichen: Spannweite 3 bis 3,5 cm. Grundfarbe dunkelbraun, orange Binde über alle Flügel, darin eine Reihe kleiner Augenflecken; beim ♀ (Bild) Binde und Augenflecken größer als beim ♂.
Vorkommen: Inselartig in europäischen Gebirgen (mit Ausnahme der skandinavischen), gewöhnlich zwischen 1200 und 2500 m Höhe; auf blumenreichen Bergwiesen und in lichten Krummholzbeständen.
Flugzeiten: Ende Juni bis Mitte August in einer Generation.
Lebensweise: Fliegt relativ langsam und meist knapp über dem Boden; sitzt gern auf Grashalmen oder Blüten, saugt Nektar (vorzugsweise auf Arnika und Habichtskraut); ♀ heftet seine Eier einzeln an Halme der Raupenfraßgräser.
Raupe: Hellgrün mit dunkler Rückenlinie und gelblichen Seitenstreifen, Kopf dunkelgrün, kleine Afterspitzen, kurz beborstet. Frißt fast ausschließlich nachts, vor allem an Rasenschmiele, aber auch auf anderen Grasarten. Verpuppung am Boden zu hellgrüner Puppe mit weißlichem Hinterteil.
Überwinterung: Als Raupe.
Besonderheit: Tritt aufgrund des inselartigen Vorkommens in einer Reihe von Unterarten auf.

2 Berg-Mohrenfalter

Erebia euryale
(Augenfalter)

Kennzeichen: Spannweite 3,8 bis 4,4 cm. Grundfarbe dunkelbraun, Flügelbinden variieren von ockergelb über rostbraun bis orangerot, auf den Hinterflügeln meist in einzelne Flecken aufgelöst; ♀ (Bild) meist etwas heller und kontrastreicher gefärbt als ♂, vor allem auf den Flügelunterseiten (kleines Bild).
Vorkommen: In der Nadelwaldregion europäischer Gebirge zwischen 800 und 2400 m Höhe; an blumenreichen Waldrändern, auf Lichtungen und Bergwiesen.
Flugzeiten: Mitte Juni bis Ende August in einer Generation.
Lebensweise: Ähnlich der des Borstgras-Mohrenfalters.
Raupe: Blaß ockerbraun mit schwärzlicher Rückenlinie. Lebt an Hainrispengras, Blaugrüner Segge und anderen Gräsern. Verpuppt sich am Boden zu gelblicher Puppe mit dunkler Zeichnung.
Überwinterung: Als Raupe, vermutlich oft zweimal.
Besonderheit: Tritt in einer Reihe von geographischen Unterarten auf, die sich vor allem in der Ausprägung und Färbung der Flügelbinden unterscheiden.

Die Flügelbinden des Berg-Mohrenfalters variieren in Breite und Färbung.

1

2

1 Hochalpen-Mohrenfalter

Kleiner Mohrenfalter
Erebia gorge
(Augenfalter)

Kennzeichen: Spannweite 3,4 bis 3,8 cm. Oberseite schwarzbraun, Vorderflügel mit breitem, rostfarbenem Band, in dem schwarze, weißgekernte Augenflecken sitzen; unterseits (Bild) Vorderflügel überwiegend rostbraun, Hinterflügel braun meliert.
Vorkommen: In europäischen Gebirgen (mit Ausnahme der skandinavischen) an steinigen und felsigen Berghängen zwischen 1600 und 3000 m Höhe; vorwiegend an vegetationsarmen Stellen, z. B. Geröllhalden.
Flugzeiten: Anfang Juli bis Ende August in einer Generation.
Lebensweise: Fliegt nur an sonnigen Tagen; ruht gern auf erwärmten Steinen oder Felsen; saugt Nektar an Blüten, die in Felsspalten wachsen, vorzugsweise an Habichtskraut; ♀ heftet Eier einzeln an Grashalme.
Raupe: Vorwiegend grün mit einem schwarzen, weiß eingefaßten Rückenstreifen. Frißt nachts an Kleinem Rispengras, Blaugras-Arten und Schwingel-Arten. Verpuppt sich zu gedrungener, blaßbräunlicher Bodenpuppe mit hellgrünen Flügelscheiden.
Überwinterung: Als Raupe, gewöhnlich zweimal.
Besonderheit: Wie auch bei den anderen dunkelbraunen Bergfaltern fungieren die dunklen Flügel als eine Art Sonnenkollektoren. Bei den ersten Sonnenstrahlen breitet der Falter die in Ruhehaltung zusammengeklappten Flügel aus und läßt sich so »aufheizen«.

2 Grünschillernder Mohrenfalter

Schillernder Mohrenfalter
Erebia tyndarus
(Augenfalter)

Kennzeichen: Spannweite 3,2 bis 3,8 cm. Braun, an den Vorderflügeln rostroter Fleck, in dem 1–2 kleine, schwarze Augenflecken sitzen; Unterseite der Vorderflügel mit ausgedehntem rostroten Bereich, der Hinterflügel graubraun marmoriert; im Sonnenlicht metallisch (vorwiegend grün) schillernd; ♀ in der Färbung insgesamt gelblicher, Schillereffekt schwächer als beim (abgebildeten) ♂.
Vorkommen: In den Alpen und Karpaten, zwischen 1600 und 3000 m Höhe; an windgeschützten Stellen auf kurzrasigen Almwiesen und an sonnigen Grashängen.
Flugzeiten: Anfang Juli bis Ende September in einer Generation.
Lebensweise: Ähnlich der des Hochalpen-Mohrenfalters.
Raupe: Graugrün bis dunkelgraubraun mit dunklem Rückenstreifen, an den Seiten dunkle Linien und Punkte, mit kleinen Afterschwänzen, kurz behaart. Lebt einzeln an Schwingel-Arten und Borstgras; frißt nachts, hält sich tagsüber am Boden verborgen. Verpuppt sich am Boden zu einer pummeligen, braunen Puppe.
Überwinterung: Als Raupe.
Besonderheit: Die Schillerschuppen sind nicht gleichmäßig auf den Flügelflächen verteilt. Dadurch erscheint der Falter, je nach Lichteinfall und Betrachtungswinkel, in den verschiedensten Farben schillernd oder auch ganz matt braun.

1

2

1 Schornsteinfeger

Weißrandiger Mohrenfalter,
Brauner Waldvogel
Aphantopus hyperantus
(Augenfalter)

Kennzeichen: Spannweite 3,8 bis 4,8 cm. Oberseite schwarzbraun mit je 2 kleinen Augenflecken auf jedem Flügel sowie weißlichen Flügelsäumen; Flügelunterseiten (kleines Bild) in hellerem Braun mit schwarzen, gelb umringten Augenflecken.
Vorkommen: In ganz Europa (außer in Teilen des Mittelmeerraums und in Nordskandinavien), nicht über 1600 m Höhe; an Waldrändern und -lichtungen, an Grabenböschungen, auf feuchten, hochwüchsigen Wiesen; an geeigneten Stellen recht häufig.
Flugzeiten: Anfang Juni bis Ende August in einer Generation.
Lebensweise: Besucht, oft in ganzen Schwärmen, Blüten, mit Vorliebe Doldenblütler sowie Brombeeren und Himbeeren; Flügeloberseiten fast nie sichtbar; ♀ läßt die Eier einfach zu Boden fallen.
Raupe: Graubraun mit schwärzlicher Rückenlinie, kurz behaart. Lebt einzeln an Aufrechter Trespe, Rotem Schwingel, Fiederzwenke und anderen Grasarten; nachtaktiv. Verpuppt sich zu dicker, braungestreifter Puppe, die aufrecht an der Basis eines Grasbüschels steht.
Überwinterung: Als halberwachsene Raupe in der Bodenvegetation.

2 Großes Ochsenauge

Kuhauge
Maniola jurtina
(Augenfalter)

Kennzeichen: Spannweite 4 bis 5 cm. Grundfarbe dunkelbraun, Vorderflügel oben und unten mit je einem Augenfleck, ♀ (Bild) auf der Vorderflügeloberseite einen verlaufenden Fleck, der von ockergelb über orange bis rotbraun variieren kann; Unterseiten der Vorderflügel rostrot, der Hinterflügel graubraun marmoriert.
Vorkommen: In ganz Europa mit Ausnahme des höchsten Nordens, bis in 1800 m Höhe; auf Wiesen und Weiden, an Feldrainen, Böschungen und Waldrändern, überall häufig.
Flugzeiten: Mitte Mai bis Oktober in einer Generation; im Mittelmeergebiet einige Wochen Sommerruhe.
Lebensweise: Fliegt sowohl bei Sonnenschein als auch bei bedecktem Himmel; läßt sich zum Nektarsaugen, aber auch zum Ruhen auf Blüten nieder; ♀ heftet Eier einzeln an Grashalme und dürres Material nahe dem Boden.
Raupe: Grasgrün, am Bauch graugrün, fein behaart. Lebt an Aufrechter Trespe, Rotem Schwingel und anderen Grasarten. Verpuppt sich zu gelblichgrüner Stürzpuppe mit dunkler Zeichnung, die an Grashalmen hängt.
Überwinterung: Als Raupe.

Auf den Flügelunterseiten des Schornsteinfegers fallen gelbumrandete Augenflecke auf.

1

2

1 Rotbraunes Ochsenauge

Braungerändertes Ochsenauge
Pyronia tithonus
(Augenfalter)

Kennzeichen: Spannweite 3,2 bis 4 cm. Flügeloberseiten innen orangerot mit breitem braunem Rand, auf den Vorderflügeln schwarzer Augenfleck mit doppeltem weißen Kern; Unterseite (Bild rechts) der Vorderflügel wie Oberseite, der Hinterflügel braun-beige gemustert. ♂ (kleines Bild) etwas kleiner als ♀, mit satteren Farben.
Vorkommen: In Süd- und Mitteleuropa sowie auf den Britischen Inseln, nicht über 1100 m Höhe; in lichten Laubwäldern, Heckenlandschaften, Heiden und Kiefernwäldern, am Rand von Hochmooren; nur lokal, fast nirgends häufig.
Flugzeiten: Anfang Juli bis Ende September in einer Generation.
Lebensweise: Saugt an Blüten; hält sich gern an Brombeerdickichten auf, dort auch ausgeprägtes Revierverhalten der ♂; Eiablage einzeln an Grasblättern.
Raupe: Cremeweiß mit feiner, ockerbrauner Zeichnung und dunkelbrauner Rückenlinie, Kopf hellbraun, kleine Schwanzgabel, kurz behaart. Frißt an Ausdauerndem Lolch, Wiesenlieschgras und anderen Gräsern; nachtaktiv, tagsüber am Boden verborgen. Verpuppt sich, an Grashalme angesponnen, zu einer eckigen, grünlichgrauen, schwarzgezeichneten Puppe.
Überwinterung: Als Jungraupe in der Bodenvegetation.

2 Kleines Ochsenauge

Hyponephele lycaon
(Augenfalter)

Kennzeichen: Spannweite 3,6 bis 4,2 cm. Dem Großen Ochsenauge (siehe Seite 70) recht ähnlich, aber beim ♀ auf den Vorderflügeln 2 Augenflecke.
Vorkommen: In Süd- und Mitteleuropa, bis in 2000 m Höhe; auf trocken-warmen, oft sandigen Flächen mit kargem, steppenartigem Bewuchs, auch Kiefernheiden oder Dünen.
Flugzeiten: Ende Juni bis Mitte Oktober in einer Generation.
Lebensweise: Fliegt sehr schnell, meist niedrig über dem Boden; setzt sich gern auf Erde (dort mit zusammengelegten Flügeln hervorragend getarnt); besucht Blüten; Eiablage einzeln an Grashalme.
Raupe: Grün mit rot-weißen Seitenlinien und rotbraunem Streifen am Kopf, Gabelschwanz gelblich mit roter Spitze, kurz behaart. Lebt an Schafschwingel, Rotem Schwingel, Federgras und Trespen-Arten. Verpuppt sich in einer Hülle aus zusammengesponnenen Blättern zu einer braunen oder graugrünen Stürzpuppe.
Überwinterung: Als Raupe.

In den Augenflecken an der Flügelspitze des Rotbraunen Ochsenauges leuchten 2 weiße Punkte.

1

2

1 Weißbindiges Wiesenvögelchen

Perlgrasfalter
Coenonympha arcania
(Augenfalter)

Kennzeichen: Spannweite 3,2 bis 3,8 cm. Grundfarbe erdbraun, Vorderflügel von einem breiten, braunen Rand abgesehen orange; unterseits (Bild) eine unregelmäßige weiße Binde und mehrere, verschieden große Augenflecken am Hinterflügel.
Vorkommen: In Europa (außer Spanien, Nordskandinavien und den Britischen Inseln) von den Niederungen bis in 1200 m Höhe; vorwiegend in Hügelland, an trokkenen, buschbestandenen Waldrändern, Wiesen und Hängen.
Flugzeiten: Mitte Mai bis Ende August in einer Generation, südlich der Alpen lokal auch bis September in 2 Generationen.
Lebensweise: Fliegt meist in Kopfhöhe um Sträucher; setzt sich – stets mit geschlossenen Flügeln – auf Laub von Büschen und niedrigen Bäumen; ♀ heftet die relativ großen, gelben Eier einzeln an die Halme der Raupenfuttergräser.
Raupe: Grün mit gelblichen Längsstreifen und rötlichen Afterspitzen, so gut wie unbehaart. Lebt an Wolligem Honiggras, Fiederzwenke, Schafschwingel, Rispengras- und Perlgrasarten. Verpuppt sich zu dicker, weißlich- oder graugrüner Stürzpuppe mit dunkler Linien- und Punktezeichnung, die knapp über dem Boden an einem Grashalm befestigt ist.
Überwinterung: Als Raupe.

2 Kleines Wiesenvögelchen

Kleiner Heufalter, Kälberauge
Coenonympha pamphilus
(Augenfalter)

Kennzeichen: Spannweite 3,2 bis 3,6 cm. Flügel gelblich- bis rotorange mit grauen Säumen, Augenfleck in der Vorderflügelspitze auf der Oberseite klein und schwarz, auf der Unterseite (Bild) größer und durch gelbe Umrandung hervorgehoben, Hinterflügelunterseite unauffällig graubraun gemustert.
Vorkommen: In ganz Europa mit Ausnahme des höchsten Nordens, von Niederungen bis über 1800 m Höhe; überall auf Wiesen, die weder allzu naß noch sehr trocken sind.
Flugzeiten: Mitte März bis Mitte Oktober in 2–3 Generationen, in höheren Lagen nur eine Generation.
Lebensweise: Fliegt langsam und flatternd, meist knapp über der Bodenvegetation; läßt sich häufig am Boden oder an Grashalmen nieder, seltener an Blüten; Eiablage einzeln an der Basis der Raupenfuttergräser.
Raupe: Grün mit dünnen Längslinien und heller Schwanzgabel, stoppelig behaart. Frißt, vorwiegend nachts, an Flecht-Straußgras, Zartem Straußgras, Wiesen-Rispengras und anderen Gräsern. Verpuppt sich zu dicker, grüner Stürzpuppe, die an einem Grashalm befestigt ist.
Überwinterung: Als Jungraupe am Boden.
Besonderheit: In Mitteleuropa einer der häufigsten Tagfalter.

1

2

1/2 Waldbrettspiel

Laubfalter
Pararge aegeria
(Augenfalter)

Kennzeichen: Spannweite 4 bis 4,5 cm. Flügel braun mit gelben bis weißlichen Flecken (vor allem auf den Vorderflügeln), auf den Hinterflügeln 3 Augenflecken; beim ♀ (Bild 2) die Fleckenzeichnung ausgedehnter als beim ♂ (Bild 1). Intensität der Färbung regional recht verschieden.
Vorkommen: In ganz Europa mit Ausnahme des hohen Nordens, im Gebirge bis in 1200 m Höhe; in lichten Laubwäldern, am Waldrand, auf Lichtungen und Waldwegen.
Flugzeiten: Mitte März bis Oktober in 2–3 Generationen.
Lebensweise: Hält sich bevorzugt im Schatten und Halbschatten auf; ruht gern auf Blättern von Sträuchern und krautigen Pflanzen; saugt Blütennektar und Saft reifer Beeren, auch an Exkrementen und ausfließendem Baumsaft; ♂ verteidigt sein Revier energisch gegen eindringende Rivalen; ♀ heftet Eier einzeln an Halme und Blätter der Raupenfuttergräser.
Raupe: Mattgrün mit kurzer, heller Schwanzgabel, sehr kurz behaart. Lebt auf Waldsegge, Waldzwenke, Landreitgras und anderen Grasarten. Verpuppt sich in eine grüne oder dunkelbraune Stürzpuppe, die an der Basis von Grashalmen oder auf der Unterseite loser Steine angeheftet ist.
Überwinterung: Als Puppe, gelegentlich auch als Raupe.

3 Gelbringfalter

Gelbringäugler, Bacchantin
Lopinga achine
(Augenfalter)

Kennzeichen: Spannweite 4,5 bis 5,5 cm. Graubraun, entlang der Flügelränder eine Reihe schwarzer, gelbumringter Augenflecken; Flügelunterseiten (kleines Bild) heller, von gelblicher Doppellinie gesäumt, Augenflecken wie auf der Oberseite, aber kontrastreicher und weißgekernt.
Vorkommen: Im gemäßigten Europa (außer in Süd- und Nordeuropa sowie Großbritannien), nicht über 1500 m Höhe; hauptsächlich in lichten Laub- und Mischwäldern mit reichem Unterwuchs.
Flugzeiten: Ende Mai bis Ende August in einer Generation.
Lebensweise: Hält sich meist am unmittelbaren Waldsaum auf, meidet tiefen Schatten ebenso wie sonnige Flächen; ruht auf Laub von Gehölzen; ♀ läßt Eier einfach auf den Boden fallen.
Raupe: Grasgrün mit weißlichen Afterspitzen, kurz behaart. Lebt an Waldzwenke, Bergsegge, Weißer Segge und anderen Grasarten. Verpuppt sich zu grüner Stürzpuppe, die an Gras angesponnen ist.
Überwinterung: Als halberwachsene Raupe am Boden.

Den Gelbringfalter schmücken auf seiner Unterseite kontrastreiche Streifen und Kringel.

1

2

3

1 Mauerfuchs

Lasiommata megera
(Augenfalter)

Kennzeichen: Spannweite 3,8 bis 4,5 cm. Braun mit orangefarbenen Feldern, die beim ♀ (Bild) ausgedehnter und farbkräftiger sind als beim ♂, sowie kleinen Augenflecken; unterseits (kleines Bild) mit einem auffallenden Augenfleck an den Vorderflügelspitzen und feiner, ocker-grau-brauner Marmorierung an den Hinterflügeln.
Vorkommen: In ganz Europa mit Ausnahme Nordskandinaviens, bis in 1500 m Höhe; an trocken-warmen, offenen Stellen wie Straßenböschungen, Feldraine, Ruinen, felsige Hänge, Heiden.
Flugzeiten: Mitte April bis Ende Oktober in 2 – 3 Generationen.
Lebensweise: Fliegt in schnellem, bodennahen Flug, bevorzugt an sonnigen Stellen; ruht gern auf sonnenwarmen Steinen oder Mauern; übernachtet am Boden unter überhängendem Gras; ♀ heftet Eier einzeln an Raupenfuttergräser.
Raupe: Grün mit unzähligen, weißlichen Pünktchen, kleine Afterspitzen, kurz behaart. Lebt auf Fiederzwenke, Schafschwingel, Aufrechter Trespe und anderen Grasarten. Verpuppt sich zu grasgrüner Stürzpuppe, die an einem Grashalm oder Stein angeheftet ist.
Überwinterung: Als halberwachsene Raupe.

2 Braunauge

Rispenfalter
Lasiommata maera
(Augenfalter)

Kennzeichen: Spannweite 4,4 bis 5,2 cm. Braun, an den Flügelaußenrändern eine Reihe rostroter Flecken, darin an der Vorderflügelspitze ein großer, an den Hinterflügeln 2 – 3 kleinere schwarze, weißgekernte Augenflecken; rostrote Zeichnung beim ♀ (Bild) stärker ausgeprägt als beim ♂; Flügelunterseiten ähnlich denen des Mauerfuchses.
Vorkommen: In ganz Europa (außer Nordskandinavien und den Britischen Inseln) bis in 2000 m Höhe; in trocken-warmem, felsigem Gelände, aber auch an Waldsäumen, auf Magerwiesen und Weiden.
Flugzeiten: Anfang Mai bis Ende September in 1 – 2 Generationen.
Lebensweise: Ähnlich der des Mauerfuchses.
Raupe: Grasgrün, kurz behaart. Lebt auf Rotem Straußgras, Rotem Schwingel, Schafschwingel und anderen Grasarten. Verpuppt sich zu weißlichgrüner oder schwarzer Stürzpuppe, die an Fels oder Grashalmen aufgehängt ist.
Überwinterung: Als Raupe.
Ähnliche Art: In den Alpen zwischen 800 und 2000 m Höhe fliegt von Anfang Mai bis Ende Juli das sehr ähnliche, aber etwas kleinere **Braunscheckauge** (*Lasiommata petropolitana,* Bild 3).

Beim Mauerfuchs fällt auf den Flügelunterseiten ein großer Augenfleck auf.

1

2

3

1 Schlüsselblumen-Würfelfalter

Frühlings-Scheckenfalter
Hamearis (Nemeobius) lucina
(Bläulinge)

Kennzeichen: Spannweite 2,5 bis 3,4 cm. Auf dunkelbraunem Grund Reihen oranger, mehr oder weniger eckiger Flecken; Flügelunterseiten (kleines Bild) heller, auf den Hinterflügeln 2 auffällige Reihen perlweißer Flecken.
Vorkommen: In Mittel- und Südeuropa, mit Ausnahme von Südspanien und -italien, vor allem im Flachland, im Gebirge bis in 1400 m Höhe; auf Waldwiesen, am Waldrand, in buschigem Gelände.
Flugzeiten: Anfang April bis Mitte Juli in einer Generation, südlich der Alpen in 2 Generationen.
Lebensweise: Fliegt nicht allzu rasch, verbirgt sich gern auf der Unterseite großer Blätter; saugt Blütennektar, ist aber kein häufiger Blumenbesucher; ♀ heftet die kugelrunden, glänzenden Eier einzeln oder in Grüppchen an die Blattunterseiten von Schlüsselblumen.
Raupe: Einer Nacktschnecke ähnlich, gelblichbraun mit Reihen kleiner, schwarzbrauner Flecken, fein behaart. Frißt nachts auf Frühlings-Schlüsselblume, Hoher und Stengelloser Schlüsselblume, verbirgt sich tagsüber auf der Blattunterseite oder in der Bodenstreu unter der Futterpflanze. Verpuppt sich zu weißlicher, schwarzgepunkteter Puppe, die fein behaart und mit einem Gespinstgürtel an der Futterpflanze befestigt ist.
Überwinterung: Als Puppe.

2 Grüner Zipfelfalter

Brombeer-Zipfelfalter
Callophrys rubi
(Bläulinge)

Kennzeichen: Spannweite 2,5 bis 3 cm. Oberseits unscheinbar braun, Flügelunterseiten ganzflächig grün.
Vorkommen: In ganz Europa, in den Gebirgen bis in 2000 m Höhe; in lichten Wäldern, auf trockenem, buschigem Gelände und in Heiden.
Flugzeiten: Anfang April bis Ende August in 1–2 Generationen.
Lebensweise: Fliegt sehr schnell, aber immer nur über kurze Strecken; ruht, mit zusammengeklappten Flügeln gut getarnt, im Blattwerk; saugt an Blüten, auch an Blattausscheidungen; ♂ verhält sich territorial; ♀ legt Eier einzeln auf Blüten oder frische Triebe der Raupenfutterpflanzen.
Raupe: Asselförmig, kräftig grün mit weißlichgelber Linienzeichnung, kurz behaart. Lebt auf vielen verschiedenen Pflanzen, u. a. auf verschiedenen Ginsterarten, Rotem Hartriegel, Rauschbeere (Moorbeere) und Gewöhnlichem Sonnenröschen. Verpuppt sich am Boden unter ihrer Futterpflanze zu rundlicher, brauner Puppe. Diese kann zirpende Geräusche hervorbringen.
Überwinterung: Als Puppe.

Auf den Flügelunterseiten des Schlüsselblumen-Würfelfalters (hier bei der Paarung) sitzen 2 Reihen leuchtendweißer Flecken.

1

2

1 Nierenfleck-Zipfelfalter

Nierenfleck, Birken-Zipfelfalter
Thecla betulae
(Bläulinge)

Kennzeichen: Spannweite 3,5 bis 4 cm. Hinterflügel mit kleinen Zipfeln; Flügeloberseite dunkelbraun mit kleinen orangen Flecken im Bereich der Zipfel, ♀ (kleines Bild) auf den Vorderflügeln je einen großen orangen, nierenförmigen Fleck; Flügelunterseiten (Bild rechts) zimtbraun mit feinen, weißlichen Querlinien.
Vorkommen: In ganz Europa (außer dem Mittelmeergebiet und Nordskandinavien), jedoch nicht über 1500 m Höhe; in lichten Laubwäldern, auf buschbestandenen Hängen, nicht selten auch in Obstgärten.
Flugzeiten: Anfang Juli bis Mitte Oktober in einer Generation.
Lebensweise: Hält sich überwiegend im Bereich der Gehölzkronen auf, ruht gern auf sonnenbeschienenen Blättern; saugt Blütennektar und Honigtau; ♀ legt die runden, kalkweißen Eier einzeln in Astgabeln und Rindenspalten der Raupenfraßgehölze.
Raupe: Dick, kräftig grün mit gelber Linienzeichnung, kurz behaart. Lebt in erster Linie auf Schlehe, aber auch auf Pflaume, Süßkirsche und anderen Laubgehölzen. Verpuppt sich zu bräunlicher, glatter Puppe, die frei am Boden liegt.
Überwinterung: Als Ei.

2 Pflaumen-Zipfelfalter

Fixenia (Strymonidia) pruni
(Bläulinge)

Kennzeichen: Spannweite 3 bis 3,2 cm. Oberseits dunkelbraun, einige orange Flecken am Saum der Hinterflügel, beim ♀ auch an den Vorderflügeln; Flügelunterseiten (Bild) mittelbraun, Säume orangerot mit schwarzem Punktemuster.
Vorkommen: In Mitteleuropa, vereinzelt in Südengland und Südskandinavien, nicht über 1200 m Höhe; an warmen, sonnigen Hängen mit Schlehenbeständen, gelegentlich auch in Obstgärten.
Flugzeiten: Ende Mai bis Ende Juli in einer Generation.
Lebensweise: Saugt Nektar an Blüten, besonders an Brombeere, Himbeere, Holunder und Liguster; ♀ legt die schmutzigweißen Eier, die dicken Autoreifen ähneln, einzeln an die Rinde der Raupenfutterpflanze, meist in Zweiggabeln.
Raupe: Kurz und dick, hellgrün mit kleinen, bräunlichen Warzen am Rücken. Lebt vor allem auf Schlehe, aber auch auf Obstbäumen wie Zwetschge, Pflaume oder Mirabelle; frißt Knospen, Blüten und frische Austriebe. Verpuppt sich zu bizarr gezackter, schwarzbrauner Puppe mit weißem Sattelfleck, die auf der Oberseite von Blättern oder Zweigen festgesponnen ist (Nachahmung von Vogelkot).
Überwinterung: Als Ei.

Beim Nierenfleck-Zipfelfalter trägt nur das Weibchen orange, nierenförmige Flecken auf den Vorderflügeln.

1

2

1 Ulmen-Zipfelfalter

Weißes W
Satyrium w-album
(Bläulinge)

Kennzeichen: Spannweite 2,6 bis 3,2 cm. Oberseits schwarzbraun, Flügelunterseiten (Bild) erdbraun mit dünnen, weißen Linien, die ein »W« erkennen lassen, sowie einer Reihe orangeroter, U-förmiger Flecken am gezipfelten Hinterflügelaußenrand.
Vorkommen: In Europa (außer Iberischer Halbinsel und Nordskandinavien) von Niederungen bis in 1200 m Höhe; in offenem, baumbestandenem Gelände, Parks, Auen und an Waldrändern mit Ulmen.
Flugzeiten: Anfang Juni bis Anfang September in nur einer Generation.
Lebensweise: Hält sich überwiegend im Kronenbereich von Ulmen auf; saugt Nektar an Blüten, meist an Doldenblütlern; ♀ heftet die diskusförmigen, in der Mitte transparenten Eier einzeln an Ulmenzweige, gewöhnlich an die Basis von Knospen.
Raupe: Asselförmig, frischgeschlüpft hellgrün, später dunkler werdend, kurz behaart. Lebt auf Feldulme, Bergulme und anderen Ulmenarten, wo sie Knospen, Blüten und Blattaustriebe frißt. Verpuppt sich an der Rinde zu kompakter, bräunlicher Gürtelpuppe.
Überwinterung: Als Ei.

Die Raupe des Ulmen-Zipfelfalters lebt nur auf den verschiedenen Ulmenarten.

2 Brauner Eichen-Zipfelfalter

Satyrium (Nordmannia) ilicis
(Bläulinge)

Kennzeichen: Spannweite 2,8 bis 3,4 cm. Oberseits braun, auf den Vorderflügeln je ein oranger Fleck, der beim ♂ deutlich kleiner ausfällt als beim ♀, oft sogar ganz fehlt; Flügelunterseiten (Bild) etwas heller im Grundton, mit dünner, unterbrochener, weißer Linie parallel zu den Flügelaußenrändern sowie kleinen, orangen Flecken am Hinterflügelrand.
Vorkommen: In Süd- und Mitteleuropa, fehlt jedoch in weiten Teilen der Iberischen Halbinsel, von Niederungen bis in 1400 m Höhe; an trocken-warmen Waldsäumen, auf Lichtungen und buschbestandenen Hügeln mit jungen Eichen.
Flugzeiten: Anfang Juni bis Mitte August in einer Generation.
Lebensweise: Saugt Nektar an Blüten, gern an Kratzdisteln; Eiablage einzeln an der Rinde dünner Eichenzweige.
Raupe: Asselförmig, hellgrün, kurz behaart. Lebt auf Stieleiche, Traubeneiche, Flaumeiche und anderen Eichenarten; sitzt auf den Blattunterseiten und frißt an den Blättern. Verpuppt sich zu bräunlicher Gürtelpuppe mit dunklen Punkten, die an der Bodenvegetation befestigt ist.
Überwinterung: Als Ei, gelegentlich auch als junges Räupchen.

1

2

1 Kleiner Feuerfalter

Lycaena phlaeas
(Bläulinge)

Kennzeichen: Spannweite 2,5 bis 3 cm. Vorderflügel gelb- bis rotorange mit breitem, dunkelbraunem Saum und schwarzen Punkten, Hinterflügel schwarzbraun mit oranger, gezackter Randbinde; Unterseite der Vorderflügel gelblichbraun mit grauem Rand und schwarzen Punkten, der Hinterflügel graubraun mit dunklen Punkten. Tiere der Sommergenerationen meist deutlich dunkler als die Frühjahrs- und Herbstfalter.
Vorkommen: In ganz Europa bis hinauf zum Nordkap, im Gebirge bis in 2000 m Höhe; auf trockenen, sonnigen Magerrasen, Viehweiden, Brachland und anderen blütenreichen Flächen, auf denen auch Sauerampfer wächst.
Flugzeiten: Anfang April bis Anfang November in 2–4 Generationen.
Lebensweise: Fliegt gewandt und gewöhnlich einzeln; saugt Nektar an den verschiedensten Blüten; ruht meist mit schräggestellten Flügeln; ♂ verteidigt sein beanspruchtes Gebiet heftig gegen andere Schmetterlinge; ♀ heftet Eier einzeln an die Basis von Sauerampferblättern.
Raupe: Asselförmig, grün mit rosa Streifen, kurz behaart. Lebt auf Kleinem Sauerampfer, Wiesen-Sauerampfer und anderen Sauerampferarten, wo sie verborgen auf der Unterseite von Blättern sitzt. Verpuppt sich zu ockerbrauner, schwarz gepunkteter Puppe, die an der Blattunterseite der Futterpflanze befestigt ist.
Überwinterung: Als Jungraupe, gelegentlich auch noch im Ei.

2 Dukaten-Feuerfalter

Dukatenfalter
Lycaena (Heodes) virgaureae
(Bläulinge)

Kennzeichen: Spannweite 3 bis 3,5 cm. ♂ (Bild rechts) oberseits leuchtend orangerot mit schwarzem Saum, goldglänzend; ♀ (kleines Bild) gelblichorange mit schwarzen Flecken, ohne Goldglanz; Flügelunterseiten ockergelb bis grau mit kleinen schwarzen und weißen Flecken.
Vorkommen: In Mitteleuropa, vereinzelt auch auf der Iberischen Halbinsel, in den Alpen bis in 2400 m Höhe; auf blumenreichen feuchten Wiesen, an Waldrändern und auf Lichtungen.
Flugzeiten: Mitte Juni bis Mitte September in einer Generation.
Lebensweise: Ähnlich der des Kleinen Feuerfalters.
Raupe: Asselförmig, dunkelgrün mit gelblichen Streifen. Lebt auf Wiesen-Sauerampfer und Kleinem Sauerampfer. Verpuppt sich an der Nahrungspflanze zu glatter, bräunlicher, dunkel gesprenkelter Puppe.
Überwinterung: Als Ei, in dem das Räupchen fertig entwickelt ist.

Dem Weibchen des Dukaten-Feuerfalters fehlt der Goldglanz des Männchens.

1

2

1/2 Brauner Feuerfalter

Lycaena (Heodes) tityrus
(Bläulinge)

Kennzeichen: Spannweite 2,5 bis 3,2 cm. ♂ schwarzbraun mit schwarzen Flecken und feinem, weißem Saum, beim ♀ (Bild 1) Vorderflügel orangegrundig, Hinterflügel mit oranger Bogenbinde.
Vorkommen: In Mittel- und Südeuropa, im Gebirge bis in 2500 m Höhe; auf trockenen Wiesen und Waldlichtungen, in steppenartigem Gelände, oft auf sandigen Böden.
Flugzeiten: Mitte April bis Anfang September in 2 Generationen, in höheren Lagen nur eine Generation.
Lebensweise: Besucht Blüten; ♀ heftet die grünen Eier einzeln auf die Unterseite von Sauerampferblättern.
Raupe: Kurz, hellgrün, manchmal auch purpur-violett, fein weiß punktiert, rötlich behaart. Lebt auf Wiesen-Sauerampfer, Kleinem Sauerampfer und anderen Sauerampferarten. Verpuppt sich an der Nahrungspflanze zu glatter, grünlicher oder brauner, fein dunkel gesprenkelter Puppe.
Überwinterung: Als Raupe.
Besonderheit: In den Alpen oberhalb 1000 m Höhe lebt eine besonders dunkle Unterart, bei der auch dem ♀ das Orange fehlt (Bild 2).

3 Lilagold-Feuerfalter

Kleiner Ampfer-Feuerfalter
Lycaena hippothoë
(Bläulinge)

Kennzeichen: Spannweite 3 bis 3,6 cm. ♂ (Bild rechts) oberseits rotgolden mit schwarzen Flügelrändern und weißen Säumen, mit violettem Schiller übergossen; ♀ ähnlich dem ♀ des Braunen Feuerfalters, aber weniger kontrastreich; Flügelunterseiten (kleines Bild) hellgraubraun mit vielen schwarzen, weißumrandeten Punkten.
Vorkommen: In West- und Nordeuropa, im Süden nur in den Gebirgen, dort bis über 2000 m Höhe, fehlt auf den Britischen Inseln; auf nassen Wiesen, Niedermooren und feuchten Bergmatten.
Flugzeiten: Anfang Juni bis Anfang September in (meist) einer Generation.
Lebensweise: Saugt Nektar an Blüten; Eiablage einzeln an der Basis von Sauerampferblättern.
Raupe: Asselförmig, grün, kurz behaart. Lebt in erster Linie auf Wiesen-Sauerampfer, auch auf Kleinem Sauerampfer; nachtaktiv, tagsüber unter Blättern verborgen. Verpuppt sich zu gelbbrauner, schwarz gepunkteter Puppe, die frei auf der Erde liegt.
Überwinterung: Als Raupe.
Besonderheit: Der in den höheren Lagen der Alpen fliegenden Unterart fehlt der Schillereffekt, weshalb sie leicht mit dem Dukaten-Feuerfalter (siehe Seite 86) zu verwechseln ist.

Auf den Flügelunterseiten zeigt der Lilagold-Feuerfalter ein apartes Punktemuster.

1

2

3

1/2 Silbergrüner Bläuling

Lysandra coridon
(Bläulinge)

Kennzeichen: Spannweite 3 bis 3,5 cm. ♂ (Bild 1) oberseits silbrigtürkis mit braunen, weißgesäumten Flügelrändern, ♀ (Bild 2) braun mit weißem Saum; Flügelunterseiten ähnlich denen des Himmelblauen Bläulings, jedoch mit hellerem Grundton.
Vorkommen: In ganz Europa (außer Skandinavien und den südlichen Teilen Spaniens und Italiens), im Gebirge bis etwa 2000 m Höhe; an trockenwarmen Stellen, etwa auf Magerrasen, an Bahndämmen oder Feldrainen, meist auf Kalkböden.
Flugzeiten: Mitte Juni bis Oktober in einer Generation.
Lebensweise: Schneller Flieger; an Stellen seines Vorkommens oft in großer Zahl, standorttreu; saugt Nektar an Blüten; übernachtet auf Blüten oder kopfunter an Grashalmen sitzend; ♀ heftet die Eier einzeln an dürre Grashalme in der Nähe oder direkt an die Basis der Raupenfutterpflanze.
Raupe: Kurz und dick, graugrün mit 2 Reihen gelber Flecken und glänzend schwarzem Kopf, kurz behaart. Lebt überwiegend auf Hufeisenklee, aber auch auf Bunter Kronwicke und Süßem Tragant, sitzt tagsüber aber unter Steinen oder im Moos unterhalb der Futterpflanze verborgen; Ausscheidungen aus ihrer »Honigdrüse« lockt Ameisen an. Verpuppt sich am Boden zu ziemlich schlanker, glatter, olivbrauner Puppe, die oft unter Steinen liegt.
Überwinterung: Als fertiges Räupchen im Ei.

3 Himmelblauer Bläuling

Lysandra bellargus
(Bläulinge)

Kennzeichen: Spannweite 2,8 bis 3,4 cm. ♂ (Bild rechts) oberseits kräftig himmelblau; ♀ sehr ähnlich dem ♀ des Silbergrünen Bläulings, bisweilen auch blau übergossen; Flügelunterseiten (kleines Bild) hellbraun, mit schwarzen, weiß umrandeten Punkten und orangen Flecken.
Vorkommen: Europa außer Skandinavien, in Gebirgen bis in 2000 m Höhe; wie der Silbergrüne Bläuling auf trockenen, auch sandigen Flächen mit eher spärlichem Bewuchs.
Flugzeiten: Mitte April bis Anfang Oktober in 2 Generationen.
Lebensweise: Wie die »Schwesterart«, der Silbergrüne Bläuling.
Raupe: Wie die Raupe des Silbergrünen Bläulings, aber dunkler grün. Lebt ausschließlich auf Hufeisenklee.
Überwinterung: Als junge Raupe an der Nahrungspflanze.

Die Flügelunterseiten des Himmelblauen Bläulings sind bei beiden Geschlechtern braungrundig und lebhaft gemustert.

1

2

3

1 Hauhechel-Bläuling

Polyommatus icarus
(Bläulinge)

Kennzeichen: Spannweite 2,7 bis 3,4 cm. ♂ (Bild rechts) oberseits hellblau bis violett, mit weißem Fransensaum; ♀ (kleines Bild) braun, gelegentlich auch blau übergossen, mit oranger Fleckenreihe an den Flügelaußenrändern; Flügelunterseiten beim ♂ hellgrau, beim ♀ hellbraun, mit lebhafter Punktezeichnung.
Vorkommen: In ganz Europa bis zur Arktis, in Gebirgen bis über 2000 m Höhe; auf trockenen ebenso wie auf feuchten Wiesen, in offenem Hügelland.
Flugzeiten: Anfang April bis Mitte Oktober in 2–3 Generationen.
Lebensweise: Saugt an Blüten, aber auch an feuchten Stellen am Boden; ruht nachts kopfunter an Grashalmen; ♀ legt Eier einzeln in Blüten oder an Knospen der Raupenfutterpflanzen.
Raupe: Asselförmig, blaßgrün mit dünnen, gelblichen Seitenstreifen, kurz behaart. Lebt vor allem auf Gewöhnlichem Hornklee, aber auch auf Luzerne, Hopfen- und Sichelklee sowie anderen Schmetterlingsblütlern; wird gern von Ameisen besucht, die Ausscheidungen ihrer Analdrüsen aufnehmen. Verpuppt sich zu glatter, glänzend olivbrauner Puppe, die unter der Nahrungspflanze auf dem Boden liegt.
Überwinterung: Als halbausgewachsene Raupe.

Das braune Weibchen des Hauhechel-Bläulings hat zarte, orange Tupfenreihen.

2 Rotklee-Bläuling

Violetter Waldbläuling
Cyaniris semiargus
(Bläulinge)

Kennzeichen: Spannweite 2,6 bis 3,4 cm. ♂ (Bild) oberseits blauviolett mit braunen Flügelrändern und braunbestäubter Äderung, ♀ dunkelbraun; Flügelunterseiten hellgraubraun mit kleinen, schwarzen, weißgerandeten Punkten.
Vorkommen: In ganz Europa (außer England sowie den nördlichsten und südlichsten Breiten), in Gebirgen bis über 2500 m Höhe; auf feuchten, blumenreichen Wiesen, die in aufgelockerte Waldgebiete eingestreut sind.
Flugzeiten: Mitte Mai bis Mitte Oktober in 2–3 Generationen, in höheren Lagen nur eine Generation.
Lebensweise: Saugt Nektar an Blüten; ♀ legt die grünlichblauen Eier in kurzen Reihen an Blütenstände der Raupenfutterpflanzen.
Raupe: Asselförmig, grün mit dunkleren Längsstreifen, kurz behaart. Lebt überwiegend auf Rotem Wiesenklee, aber auch auf Mittlerem Klee, frißt bevorzugt Blütenknospen und Blüten, später auch Blattaustriebe. Verpuppt sich am Stengel der Nahrungspflanze zu olivbrauner Puppe.
Überwinterung: Als junge Raupe.

1

2

1/2 Alexis-Bläuling

Himmelblauer Steinklee-Bläuling
Glaucopsyche alexis
(Bläulinge)

Kennzeichen: Spannweite 2,8 bis 3,4 cm. Flügeloberseiten beim ♂ (Bild 1) blauviolett mit braunen Außenrändern, beim ♀ (Bild 2) schwarzbraun, im körpernahen Bereich meist blau überstäubt, jeweils mit weißem Fransensaum; Flügelunterseiten (kleines Bild) mit je einer Reihe großer schwarzer, weißumrandeter Punkte, Hinterflügel an ihrer Basis blau oder türkis überstäubt.
Vorkommen: In Süd- und Mitteleuropa, in Norddeutschland, Dänemark und den Niederlanden jedoch nur sehr lokal, in den Alpen bis in 2000 m Höhe; auf trockenen, buschbestandenen Wiesen, an sonnigen Waldrändern und Lichtungen.
Flugzeiten: Mitte April bis Anfang Juli in einer Generation, im Süden bis August in 2 Generationen.
Lebensweise: Saugt Nektar an Blüten; ♀ heftet Eier einzeln an Blüten und Knospen der Raupenfutterpflanzen.
Raupe: Grünlich oder cremefarben, mit dunkler Rückenlinie und seitlichen Schrägstreifen, relativ lang und dicht behaart. Lebt vor allem an Luzerne und Saat-Esparsette, aber auch an Bunter Kronwicke, Vogelwicke, Färberginster und anderen Schmetterlingsblütlern; wird wegen der Sekrete ihrer Analdrüsen von Ameisen besucht. Verpuppt sich an der Futterpflanze zu unauffälliger, graubrauner Puppe.
Überwinterung: Als ausgewachsene Raupe, bisweilen als Puppe.

3 Zwergbläuling

Cupido minimus
(Bläulinge)

Kennzeichen: Spannweite 2 bis 2,6 cm. ♂ (Bild) oberseits dunkelbraun, an der Flügelbasis blau bestäubt (wobei Ausdehnung und Farbton des Blaus stark variieren), ♀ nur dunkelbraun, Flügel jeweils weiß gesäumt; unterseits grau mit kleinen schwarzen Pünktchen.
Vorkommen: In ganz Europa (außer Nordeuropa und Südspanien), in Gebirgen bis in 3000 m Höhe; auf Magerrasen und trockenen, ungedüngten Flächen.
Flugzeiten: Anfang April bis Anfang September in 2–3 Generationen, in höheren Lagen nur eine Generation.
Lebensweise: Fliegt oft in großer Zahl; saugt Nektar an Blüten; Eiablage an den Blüten der Raupenfutterpflanzen.
Raupe: Blaßbraun bis graugrün, kurz behaart. Lebt an Wundklee und einigen verwandten Pflanzen, frißt deren Blüten und Fruchtstände. Verpuppung meist an einem Grashalm zu grünlichgelber, schwarz gepunkteter Puppe.
Überwinterung: Als Raupe in einer vertrockneten Blüte.

Die Flügelunterseiten des Alexis-Bläulings schillern an ihrer Basis blau oder türkis.

1

2

3

1 Argus-Bläuling

Geißklee-Bläuling
Plebejus argus
(Bläulinge)

Kennzeichen: Spannweite 2,5 bis 3 cm. Flügel des ♂ (Bild) oberseits blau, mehr oder weniger breit schwarz eingefaßt und weiß gesäumt, des ♀ dunkelbraun mit oranger Zackenbinde; Flügelunterseiten hellbraun, mit ähnlicher Zeichnung wie der Storchschnabel-Bläuling und metallisch glänzenden Flecken.
Vorkommen: In ganz Europa mit Ausnahme des höchsten Nordens, in Gebirgen bis über 2000 m Höhe; auf Heideland, buschbestandenem Trockenrasen und Hochmooren.
Flugzeiten: Mitte Juni bis September in 1–2 Generationen.
Lebensweise: Fliegt auf begrenzten Arealen, dort aber oft in großer Zahl; saugt Nektar an Blüten, trinkt an nassen Bodenstellen; bildet »Übernachtungsgesellschaften«, sitzt dabei kopfunter an Stengeln und Grashalmen; ♀ legt Eier einzeln an die Raupenfutterpflanze.
Raupe: Relativ schlank, graugrün bis rotbraun mit dunklem, weißgefaßten Rückenstreifen, kurz behaart. Lebt an Blüten und Blättern von Hornklee, Bunter Kronwicke, Heidekraut und anderen Pflanzen; nachtaktiv, tagsüber am Boden verborgen; stets von Ameisen umlagert, welche die Ausscheidungen aus den Analdrüsen der Raupe aufnehmen. Verpuppt sich an der Basis der Nahrungspflanze zu blaßgrüner Puppe mit dunkler Rückenlinie.
Überwinterung: Als Ei.

2 Storchschnabel-Bläuling

Schwarzbrauner Bläuling
Eumedonia eumedon
(Bläulinge)

Kennzeichen: Spannweite 2,8 bis 3,2 cm. Oberseits dunkelbraun mit weißen Fransensäumen, ♀ (Bild) mit orangen Flecken am Hinterflügelhinterrand; Flügelunterseiten (kleines Bild) hellgraubraun, mit oranger Zackenbinde, zahlreichen schwarzen, weißgerandeten Tupfen sowie einem weißlichen Strich.
Vorkommen: In Süd- und Mitteleuropa, bis in 2500 m Höhe; auf feuchten Wiesen, an Waldrändern und Ufern.
Flugzeiten: Mitte Mai bis Mitte August in einer Generation.
Lebensweise: Ähnlich dem Argus-Bläuling; Eiablage meist einzeln ins Zentrum von Storchschnabelblüten.
Raupe: Kurz und dick, graugrün mit dunklen und hellen Längsstreifen, kurz behaart. Lebt auf Sumpf-, Blut-, Wald- oder Wiesen-Storchschnabel; nagt Blattstiel an, sitzt dann unter dem dachartig zusammengeklappten und versponnenen Blatt verborgen; wie Raupe des Argus-Bläulings für Ameisen attraktiv. Verpuppt sich zu blaßgrüner, schwach behaarter Puppe.
Überwinterung: Als junge Raupe.

Der Storchschnabel-Bläuling ist auf der Unterseite lebhaft gemustert.

1

2

1 Schwarzgefleckter Bläuling

Maculinea arion
(Bläulinge)

Kennzeichen: Spannweite 3,2 bis 4 cm. Flügeloberseiten blau mit schwarzbraunen Rändern und schwarzen Tupfen, beim ♀ Ränder breiter und Tupfen größer als beim ♂ (Bild); Flügelunterseiten ockerbraun mit schwarzen Tupfen.
Vorkommen: In Süd- und Mitteleuropa bis Südskandinavien (auf den Britischen Inseln ausgestorben), in Gebirgen bis in 2000 m Höhe; auf kurzrasigen Weiden, Kahlschlägen, Trockenrasen.
Flugzeiten: Anfang Juni bis Mitte August in einer Generation.
Lebensweise: Fliegt meist vereinzelt; saugt Nektar an Blüten; ♀ legt Eier auf Blütenknospen der Raupenfutterpflanzen.
Raupe: Kurz und dick, als Jungraupen rosa, dann blaß ockerbraun mit schwarzem Kopf, spärlich behaart. Lebt zunächst auf Gemeinem Thymian (Quendel) oder Dost und frißt deren Blüten und reifenden Samen, später in unterirdischen Ameisennestern. Dort Verpuppung zu gelblichbrauner Puppe.
Überwinterung: Als Raupe in Ameisennestern.
Besonderheit: Die Raupen dieser und der beiden anderen Bläulingsarten auf dieser Seite verlassen im Spätsommer ihre Futterpflanzen und werden von bestimmten Ameisenarten in deren Bau getragen. Die Raupen ernähren sich dort von Larven und Puppen der Ameisen. Im Gegenzug liefern sie ihren »Wirten« die süßen, nahrhaften Sekrete ihrer Analdrüsen.

2 Lungenenzian-Bläuling

Kleiner Moorbläuling
Maculinea alcon
(Bläulinge)

Kennzeichen: Spannweite 3,3 bis 3,6 cm. ♂ (Bild) oberseits blau mit schwarzbraunen Flügelrändern; ♀ graubraun mit einigen dunklen Flecken in den Vorderflügeln; unterseits ähnlich dem Schwarzgefleckten Bläuling.
Vorkommen: Wie Schwarzgefleckter Bläuling, aber nur bis 1500 m Höhe; auf feuchten Wiesen, Moorflächen, Sandhügeln.
Flugzeiten: Anfang Juli bis Ende August in einer Generation.
Lebensweise: Wie beim Schwarzgefleckten Bläuling.
Raupe: Hellgrün oder rötlichbraun mit dunklem Kopf. Lebt zunächst in Blütenkelchen bzw. in den Fruchtknoten von Lungen- und Schwalbenwurz-Enzian, später in den Bodennestern verschiedener Ameisenarten, wo sie sich auch verpuppt.
Überwinterung: Als Raupe in Ameisennestern.
Ähnliche Art: Im östlichen Mitteleuropa, bis in 2000 m Höhe, trifft man an Weg- und Grabenrändern, aber auch auf Moorwiesen den **Hellen Wiesenknopf-Bläuling** (Großer Moorbläuling, *Maculinea teleius,* Bild 3). Seine blauen Flügeloberseiten tragen besonders breite, schwarze Säume. Die purpurbraune, mit schwarzen Wärzchen besetzte Raupe lebt zunächst auf den Blüten des Großen Wiesenknopfs, später in Ameisennestern, wo sie überwintert und sich später auch verpuppt.

1

2

3

1 Faulbaum-Bläuling

Celastrina argiolus
(Bläulinge)

Kennzeichen: Spannweite 2,8 bis 3,4 cm. Oberseits himmelblau, ♀ (Bild) mit breiten schwarzbraunen Flügelrändern; Flügelunterseiten bläulich silbergrau mit kleinen, schwarzen Punkten.
Vorkommen: In ganz Europa mit Ausnahme des höchsten Nordens, im Gebirge bis in 1600 m Höhe; auf Waldlichtungen, an Waldrändern, in Auen und Hügelland mit Hecken, auch in Gärten.
Flugzeiten: Mitte März bis Anfang September in 2 Generationen, in höheren Lagen nur eine Generation.
Lebensweise: Ruht gern auf Blättern von Büschen und Bäumen; saugt an nasser Erde, Aas und austretendem Baumsaft, gelegentlich auch an Blüten; ♀ legt Eier einzeln an Knospen der Raupenfutterpflanzen.
Raupe: Kurz und ziemlich dick, grün oder rotbraun mit zarter, weißlicher Zeichnung, fein behaart. Lebt vorwiegend auf Rotem Hartriegel, aber auch auf etlichen anderen Pflanzen; frißt deren Knospen, Blüten und Früchte; wird von Ameisen besucht, welche die Ausscheidungen aus den Analdrüsen der Raupe aufnehmen. Verpuppt sich zu ockerbrauner, gefleckter Puppe, die gewöhnlich an der Unterseite eines Blatts befestigt ist.
Überwinterung: Als Puppe.

2 Grünblauer Bläuling

Agrodiaetus damon
(Bläulinge)

Kennzeichen: Spannweite 3 bis 3,4 cm. ♂ (Bild) oberseits silbrig türkis mit breitem, dunklem Rand, ♀ gänzlich braun; unterseits blaß ockerbraun mit spärlichen, schwarzen Punkten, auf den Hinterflügeln einen charakteristischen weißen »Wischer«.
Vorkommen: In Süd- sowie inselartig in Mitteleuropa, in Gebirgen bis über 2000 m Höhe; in offenem, sommertrockenem Grasland, meist auf kalkigem Untergrund.
Flugzeiten: Ende Juni bis Anfang Oktober in einer Generation.
Lebensweise: Fliegt, wo er auftritt, meist sehr zahlreich; saugt Nektar an Blüten, gern an Disteln und Dost; Eiablage einzeln an trockene Samenstände der Raupenfutterpflanzen.
Raupe: Gelblichgrün mit hellerer und dunklerer Streifung, dicht behaart. Lebt auf Saat-Esparsette und anderen Esparsettearten; stets von Ameisen begleitet, welche die Ausscheidungen aus den Hinterleibsdrüsen der Raupe aufnehmen. Verpuppt sich zu grünlich- oder gelblichbrauner, glatter Puppe.
Überwinterung: Als Ei oder Jungraupe.
Ähnliche Art: In der Tundra Nordeuropas sowie in Mitteleuropa inselartig in Hochmooren der Alpen und einiger Mittelgebirge sowie in hochalpinen Zwergstrauchheiden (bis 2500 m Höhe) fliegt der **Hochmoor-Bläuling** (*Vacciniina optilete*, Bild 3). Das ♂ ist kräftig violettblau, das ♀ dunkelbraun und meist violett überstäubt. Die grüne, asselförmige Raupe lebt auf Rausch- und Moosbeere, auch auf Preiselbeere und Glockenheide.

1

2

3

1 Rostfarbiger Dickkopffalter

Ochlodes venatus
(Dickkopffalter)

Kennzeichen: Spannweite 3 bis 3,5 cm. Oberseits dunkelbraun mit rostfarbenen bis orangen Flecken und Feldern, die beim ♂ (Bild) flächiger sind als beim ♀; ♂ außerdem mit schwarzem Duftschuppenstrich in der Vorderflügelmitte; Flügelunterseiten gelblichbraun, ins Oliv spielend, undeutlich gelb gezeichnet.
Vorkommen: In ganz Europa (außer Nordskandinavien und Schottland), im Gebirge bis in 2000 m Höhe; an grasigen Hängen, Waldrändern und Rainen sowie auf Brachland.
Flugzeiten: Ende Mai bis Anfang September in einer Generation, im Süden auch 2 Generationen.
Lebensweise: Fliegt schwirrend, meist nahe am Boden; bei sonnigem Wetter unermüdlich unterwegs, ruht nur kurz auf Blättern; eifriger Blütenbesucher; ♀ legt Eier einzeln auf die Blattoberseite von Gräsern.
Raupe: Grün mit gelblichem Seitenstreifen und dickem, schwarzbraunem, hell gezeichnetem Kopf. Lebt in einer »Tüte« aus zusammengesponnenen Grasblättern an Fiederzwenke, Wiesenknäuelgras, Pfeifengras und anderen Grasarten. Verpuppt sich im Blattgehäuse, in einen Kokon eingesponnen, zu schlanker, schwärzlicher Puppe.
Überwinterung: Als erwachsene Raupe in einem zusammengerollten Blatt.

Die Raupe des Rostfarbigen Dickkopffalters frißt an Gräsern, z. B. an Wiesenknäuelgras.

2 Ockergelber Braun-Dickkopffalter

Thymelicus sylvestris
(Dickkopffalter)

Kennzeichen: Spannweite 2,6 bis 3 cm. Oberseite hell rostbraun mit schmalem schwarzem Rand und hellem Fransensaum; auf Vorderflügeln des ♂ dünne, schwarze Duftschuppenlinie; Flügelunterseiten ockergelb, teilweise graugrün überhaucht.
Vorkommen: In Mittel- und Südeuropa, bis in 1800 m Höhe; auf Wiesen, an Böschungen und grasigen, blumenreichen Waldrändern und -lichtungen.
Flugzeiten: Ende Juni bis Mitte August in einer Generation.
Lebensweise: Wie Rostfarbiger Dickkopffalter; Eiablage jedoch in die Blattscheiden am Ansatz von Grasblättern.
Raupe: Hellgrün mit dunkler Rücken- und gelblichen Seitenlinien, Kopf dunkelgrün. Lebt an Honiggras und anderen Gräsern in »Tüten« aus zusammengesponnenen Blättern. In einem losen Gespinst innerhalb der Blatthülle Verpuppung zu hellgrüner Puppe mit rötlicher Rüsselscheide.
Überwinterung: Als Raupe in einem dichten, weißen Gespinstkokon.

1

2

1/2 Gelbwürfeliger Dickkopffalter

Carterocephalus palaemon
(Dickkopffalter)

Kennzeichen: Spannweite 2,4 bis 3 cm. Oberseits (Bild 1) gelbe Felder und Flecken auf dunkelbraunem Grund, Flügelunterseiten (Bild 2) blaß ockerbraun, an den Hinterflügeln mit hellen Flecken.
Vorkommen: In ganz Europa bis in den höchsten Norden, jedoch ohne das Mittelmeergebiet, in Gebirgen bis über 1500 m Höhe; auf buschbestandenen Wiesen und grasigen Flächen in offenem Waldland.
Flugzeiten: Ende April bis Mitte Juli in einer Generation.
Lebensweise: Fliegt, wo er vorkommt, mitunter in größerer Zahl; schwirrender, bodennaher Flug; ♀ legt Eier einzeln an Blätter der Raupenfuttergräser.
Raupe: Schlank, als Jungraupe grün, später strohgelb mit rotbraunen Linien. Lebt auf Land-Reitgras, Rohr-Pfeifengras, Wiesenknäuelgras, Wiesenlieschgras und anderen Grasarten; spinnt sich Blätter zu einer röhrenförmigen Schutzhülle zusammen, die sie nur zum Fressen verläßt; darin auch Verpuppung zu weißlicher Gürtelpuppe mit brauner Streifenzeichnung.

Überwinterung: Als Raupe, in zusammengerollte Blätter eingesponnen.

3 Komma-Dickkopffalter

Kommafalter
Hesperia comma
(Dickkopffalter)

Kennzeichen: Spannweite 2,8 bis 3,2 cm. Flügeloberseiten braungolden, ♂ mit schwarzem, silbrig geteiltem, kommaähnlichem Duftschuppenstrich auf den Vorderflügeln, der dem insgesamt dunkleren ♀ (kleines Bild) fehlt; Flügelunterseiten (Bild rechts) hell olivbraun mit kleinen weißen Feldern.
Vorkommen: In ganz Europa von den Meeresküsten bis über 2500 m Höhe; auf Magerrasen, Zwergstrauchheiden, Waldlichtungen, an Feldrainen, in Dünen.
Flugzeiten: Ende Juni bis Anfang September in einer Generation.
Lebensweise: Schwirrender, nervös wirkender Flug; eifriger Blütenbesucher; Eiablage einzeln an Gräsern.
Raupe: Schwarz mit dickem, glänzendem Kopf, so gut wie unbehaart. Frißt an Ausdauerndem Lolch, Schafschwingel und anderen Grasarten; baut sich Schutzzelt aus mehreren zusammengesponnenen Grasblättern inmitten von Grashorsten. Verpuppt sich in lockerem Kokon in der Moosschicht zu einer schwarzen, auffallend glänzenden Puppe.
Überwinterung: Als Ei.

Das Weibchen des Komma-Dickkopffalters trägt einzelne helle Flecken auf den Flügeln.

1

2

3

1 Kronwicken-Dickkopffalter

Dunkler Dickkopffalter
Erynnis tages
(Dickkopffalter)

Kennzeichen: Spannweite 2,5 bis 3 cm. Oberseits dunkelbraun mit verschwommenen, helleren und dunkleren Flecken, unterseits gelblichbraun, jeweils feine, weißliche Punktereihe an den Flügelaußenrändern.
Vorkommen: In ganz Europa außer Nordskandinavien und den Britischen Inseln, in Gebirgen bis in 2000 m Höhe; auf Wiesen und Heiden, an grasigen Waldrändern und Straßenböschungen.
Flugzeiten: Anfang April bis Ende August in 2 Generationen, in höheren Lagen nur eine Generation.
Lebensweise: Saugt Nektar an Blüten; sitzt gern auf nackter Erde; ruht mit flach dachförmig angelegten Flügeln; Eiablage auf den Blattoberseiten der Raupenfutterpflanzen.
Raupe: Ziemlich dick, graugrün mit schwarzbraunem Kopf. Lebt auf Bunter Kronwicke, Horn- und Hufeisenklee, wo sie – außer beim Fressen – in einer Schutzhülle aus zusammengesponnenen Blättchen sitzt. Verpuppt sich zu schwarzbrauner Puppe, die in einem losen Gespinst in der Moosschicht liegt.
Überwinterung: Als erwachsene Raupe in ihrem Blattgehäuse.

2 Kleiner Würfel-Dickkopffalter

Malven-Würfelfleckfalter
Pyrgus malvae
(Dickkopffalter)

Kennzeichen: Spannweite 2,2 bis 2,6 cm. Flügeloberseite schwarzbraun mit kontrastreicher, weißer Sprenkelung, Grundfarbe der Flügelunterseite ein helleres Braun.
Vorkommen: In ganz Europa mit Ausnahme des höchsten Nordens, in Gebirgen bis in 2000 m Höhe; auf Magerwiesen, Heideflächen, an Waldrändern, Straßenböschungen, Feldrainen, bevorzugt auf kalkigem Untergrund.
Flugzeiten: Anfang April bis August in meist nur einer Generation.
Lebensweise: Schwirrender, bodennaher Flug; sonnt sich gern am Boden mit schräggestellten Flügeln; Eiablage einzeln an Blattunterseiten der Raupenfutterpflanzen.
Raupe: Grün bis braun-grün mit dickem, dunkelbraunem Kopf, kurzborstig behaart. Lebt auf verschiedenen krautigen Pflanzen wie Fingerkraut, Sumpf-Blutauge, Odermennig oder Walderdbeere; sitzt gewöhnlich in einem aufgerollten Blatt oder einem Gehäuse aus mehreren zusammengesponnenen Fiederblättchen. Verpuppt sich am Fuß der Nahrungspflanze in einem Kokon zu dicht beborsteter, hellbrauner Puppe mit schwarzen Punktereihen.
Überwinterung: Als Puppe, gelegentlich zweimal.

Die Raupe des Kleinen Würfel-Dickkopffalters frißt u. a. an der Walderdbeere.

1

2

1 Schwarzbrauner Würfel-Dickkopffalter

Pyrgus serratulae
(Dickkopffalter)

Kennzeichen: Spannweite 2,4 bis 2,8 cm. Flügeloberseite schwarzbraun, grau oder oliv überhaucht, mit unterbrochenem weißen Saum, Vorderflügel mit kleinen weißen Sprenkeln; Flügelunterseite zimtbraun und weiß gefeldert.
Vorkommen: In Mitteleuropa und südeuropäischen Gebirgsregionen, bis in 2500 m Höhe; auf Halbtrockenrasen und anderen mäßig trockenen, sonnigen, freien Flächen in Hügelland und felsigen Gegenden, meist auf kalkreichem Untergrund.
Flugzeiten: Mitte Mai bis September in einer Generation.
Lebensweise: Fliegt schnell und schwirrend, meist dicht über dem Boden; besucht Blüten, um Nektar zu saugen; schläft nachts oft auf Blüten; Eiablage an Unterseiten von Fingerkrautblättern.
Raupe: Sattgrün mit dickem, schwarzem Kopf, nach der 3. Häutung purpurrot bis schwarzbraun, kurz behaart. Lebt auf verschiedenen Fingerkraut-Arten; sitzt dort zwischen zusammengesponnenen Blättern, die sie nur zum Fressen verläßt. Verpuppt sich in einem Blätter-»Zelt« in der Moosschicht zu einer hellbraunen, schwarzgezeichneten, dicht beborsteten Puppe.
Überwinterung: Als halberwachsene Raupe, in einen dicken Kokon eingesponnen.
Besonderheit: In den Hochlagen der Alpen deutlich kleiner, Sprenkelung der Vorderflügel stark reduziert.
Ähnliche Art: In den Hochlagen der Alpen zwischen 1600 und 2500 m Höhe fliegt Mitte Juni bis August der noch feiner gezeichnete **Punktierte Würfel-Dickkopffalter** *(Pyrgus cacaliae,* Bild 2), dessen Raupe nicht nur auf Fingerkraut, sondern auch auf Berg-Petersbart, Huflattich und Pestwurz lebt.

3 Dunkelbrauner Würfel-Dickkopffalter

Pyrgus fritillarius
(Dickkopffalter)

Kennzeichen: Spannweite 3 bis 3,4 cm. Flügeloberseiten mit rechteckigen weißen Flecken auf dunkelgraubraunem Grund, Flügelsäume hell-dunkel gebändert.
Vorkommen: In Süd- und Mitteleuropa, in Gebirgen bis in 2200 m Höhe; an sonnigen Stellen mit niedriger Vegetation in waldlosen, steppenartigen Landschaften.
Flugzeiten: Mitte Mai bis Anfang September in einer Generation.
Lebensweise: Schneller, schwirrender Flug; in Ruhehaltung sind, wie bei allen Dickkopffaltern, die Hinterflügel meist waagerecht ausgebreitet, während die Vorderflügel schräg nach oben weisen; eifriger Blütenbesucher; ♀ legt Eier an Blattunterseiten der Raupenfutterpflanzen.
Raupe: Grüngrau mit dickem, schwarzem Kopf, weißlich behaart. Lebt auf Gänsefingerkraut und anderen Fingerkrautarten sowie auf verschiedenen Eibisch-Arten. Verpuppung wie bei Schwarzbraunem Würfel-Dickkopffalter.
Überwinterung: Als Raupe.

1

2

3

1 Heilziest-Dickkopffalter

Eibischfalter
Carcharodus flocciferus
(Dickkopffalter)

Kennzeichen: Spannweite 2,8 bis 3,4 cm. Sehr ähnlich dem Malven-Dickkopffalter, die weißen Flecken deutlicher ausgebildet, auch auf den Hinterflügeln. Grundfärbung beider Geschlechter grau bis silbergrau (Bild rechts). Seltener treten Falter in einer rein braunen Färbung auf. Hinterflügelunterseite mit radiärer Strahlenzeichnung.
Vorkommen: Südeuropa und südliches Mitteleuropa, im Gebirge bis in 2000 m Höhe; wie der Malven-Dickkopffalter an trockenwarmen Stellen, aber auch auf Moorwiesen.
Flugzeiten: Anfang Juni bis August oder September in 1–2 Generationen.
Lebensweise: Wie beim Malven-Dickkopffalter.
Raupe: Dicklich, blaugrau mit schwarzem Kopf, weiß behaart. Lebt auf Echtem Ziest (Heilziest) und anderen Ziestarten sowie auf Andorn-Arten; sitzt zwischen zusammengesponnenen Blättern. Verpuppt sich in ihrem Versteck zu brauner, blau bereifter Puppe.
Überwinterung: Als Raupe, gelegentlich auch als Puppe.

2 Malven-Dickkopffalter

Malvenfalter
Carcharodus alceae
(Dickkopffalter)

Kennzeichen: Spannweite 2,6 bis 3 cm. Vorder- und Hinterflügel in verschiedenen Brauntönen marmoriert, Vorderflügel mit kurzen weißen Querbändchen; unterseits ähnlich, aber mehr gelblichbraun; Hinterflügelhinterrand bogig eingebuchtet.
Vorkommen: In Süd- und Mitteleuropa, in Gebirgen bis über 1600 m Höhe; in trockenwarmen Steppenlandschaften, sonnigen Flußtälern, an Wegrändern, Straßen- und Bahndämmen.
Flugzeiten: Anfang April bis Mitte September in 2–3 Generationen.
Lebensweise: Fliegt einzeln; nicht ortstreu, wandert in günstigen Jahren häufig nordwärts; läßt sich oft auf den Boden nieder, wo er bestens getarnt ist; schläft wie die Nachtfalter mit dachziegelartig zusammengelegten Flügeln; ♀ legt Eier einzeln auf Blattoberseiten der Raupenfutterpflanzen.
Raupe: Rötlichgrau mit ganz feiner, heller Punktelung, schwarzem Kopf und gelben Nackenflecken, dicht behaart. Lebt auf Eibisch, Siegmarswurz, Moschusmalve und anderen Malvenarten; sitzt in aufgerollten Blättern, die sie nur zum Fressen verläßt. Verpuppung im versponnenen Blatt zu schlanker, brauner, bläulich bereifter Puppe.
Überwinterung: Als erwachsene Raupe in einem Gespinst in der Blattröhre.

Der Heilziest-Dickkopffalter kommt auch in einer rein braunen Farbvariante vor.

1

2

1 Taubenschwänzchen

Macroglossum stellatarum
(Schwärmer)

Kennzeichen: Spannweite 4 bis 5 cm. Vorderflügel graubraun mit schwarzen Querlinien, Hinterflügel orange bis gelb; verbreiterter Hinterleib, der durch verlängerte Schuppen wie ein Vogelschwanz aussieht.
Vorkommen: In Südeuropa, von dort jährliche Einwanderung in Mitteleuropa, teilweise bis Südskandinavien, im Gebirge bis an die Vegetationsgrenze; meist an buschbestandenen Hängen, Waldlichtungen und -rändern, auf Heideflächen und in Gärten.
Flugzeiten: Zuwanderung Mai bis Juli, nachfolgende Generation September bis Oktober.
Lebensweise: Fliegt am hellen Tag; schwirrt flink von Blüte zu Blüte; saugt Nektar, indem es wie ein Kolibri im Schwirrflug in der Luft steht; ♀ legt Eier einzeln an Knospen oder Blüten der Raupenfutterpflanzen.
Raupe: Zuerst grün, später rotbraun mit feiner weißer Punktelung, weißen Rücken- und Seitenlinien und blauem Hinterleibshorn mit gelber Spitze; unbehaart. Lebt auf verschiedenen Labkrautarten. Verpuppt sich in einem lockeren Gespinst am Boden.
Überwinterung: Als Puppe oder Falter, übersteht nördlich der Alpen den Winter jedoch meist nicht.

2 Hummelschwärmer

Hemaris fuciformis
(Schwärmer)

Kennzeichen: Spannweite 4 bis 4,5 cm. Flügelflächen bis auf einen rotbraunen Rand transparent; Körper dick, ockerbraun behaart, Hinterleib mit rotbrauner Binde, weißen Flanken und schwarzer Spitze.
Vorkommen: In ganz Europa, im Gebirge bis in 2000 m Höhe; an Waldrändern und -lichtungen, in sonnigen Auwäldern und an Berghängen.
Flugzeiten: Anfang Mai bis Juli in einer Generation oder bis August in 2 Generationen.
Lebensweise: Fliegt am hellen Tag; ruckartige Flugweise; besucht eifrig Blüten, saugt Nektar im Schwirrflug; Eiablage einzeln an den Blattunterseiten der Raupenfutterpflanzen.
Raupe: Kräftiggrün mit rotbraunen Flecken an den Seiten und braunem Hinterleibshorn, unbehaart. Lebt auf Heckenkirsche bzw. Geißblatt, seltener auch auf Schneebeere. Verpuppt sich in einem Gespinst knapp unter der Erdoberfläche zu einer schwarzbraunen Puppe.
Überwinterung: Als Puppe.
Besonderheit: Ahmt als Schutz vor Freßfeinden in Aussehen und Verhalten die wehrhaften Hummeln nach (Mimikry).

Die Raupe des Taubenschwänzchens lebt auf Labkrautarten, hier auf Echtem Labkraut.

1

2

1 Abendpfauenauge

Smerinthus ocellata
(Schwärmer)

Kennzeichen: Spannweite 7 bis 8,5 cm. Vorderflügel großflächig graubraun marmoriert, Hinterrand wellig ausgeschnitten; Hinterflügel blaßrot mit je einem großen, schwarz-blauen Augenfleck, in Ruhehaltung von den waagerecht ausgebreiteten Vorderflügeln gänzlich überdeckt.
Vorkommen: In ganz Europa bis fast zum Polarkreis, in Gebirgen bis in 2000 m Höhe; in lichten Laubwäldern, Auen und buschbestandenem Gelände, auch in Gärten und Parkanlagen.
Flugzeiten: Anfang Mai bis August in meist nur einer Generation.
Lebensweise: Guter, schneller Flieger; fliegt nur nachts, sitzt tagsüber gut getarnt auf Baumrinde; nimmt keine Nahrung mehr auf (Saugrüssel verkümmert); präsentiert bei einer Störung zur Abschreckung bzw. Irritation des Feindes durch Auseinanderziehen der Vorderflügel blitzartig seine »Augen« auf den Hinterflügeln; ♀ legt die apfelgrünen Eier einzeln oder paarweise an die Blätter der Raupenfraßbäume.
Raupe: Gelblich-, später bläulichgrün mit zahllosen weißen, warzigen Pünktchen und einer Reihe gelblicher Schrägstreifen an den Seiten, deren letzter in ein dünnes »Horn« übergeht. Lebt auf verschiedenen Weidenarten, auch an Pappeln, Obstbäumen und anderen Laubgehölzen. Verpuppt sich an oder knapp unter der Erdoberfläche zu einer glänzend dunkelbraunen Puppe.
Überwinterung: Als Puppe.

2 Wolfsmilchschwärmer

Hyles (Celerio) euphorbiae
(Schwärmer)

Kennzeichen: Spannweite 7 bis 8,2 cm. Vorderflügel mit blaßbrauner, teils rosa überhauchter Grundfärbung und großen olivgrünen Flecken; Hinterflügel mit breiter, schwarz-rot-schwarzer Bänderung.
Vorkommen: Süd- und Mitteleuropa, in Gebirgen bis über 1800 m Höhe; an sonnigen Hängen, Feldrainen, spärlich bewachsenen Waldrändern, auf Brachland und Heideflächen.
Flugzeiten: Anfang Mai bis Juli in einer Generation oder bis September in 2 Generationen.
Lebensweise: Fliegt in der Dämmerung; saugt Nektar an Blüten; ♀ legt Eier in kleinen Grüppchen an Wolfsmilchblätter.
Raupe: Ungewöhnlich farbig und kontrastreich schwarz-gelb-rot gezeichnet, Kopf, Füße, Nachschieber und Hinterleibshorn rot; unbehaart. Lebt auf Zypressen-Wolfsmilch und anderen Wolfsmilcharten. Verpuppt sich in einem lockeren Gespinst knapp unter der Erdoberfläche zu einer sandfarbenen Puppe.
Überwinterung: Als Puppe, bisweilen mehrmals.
Ähnliche Art: Der braune, meist rosa und/oder olivgrün überhauchte **Lindenschwärmer** (*Mimas tiliae*, Bild 3) ist in seiner Zeichnung sehr variabel. Die Außenränder seiner Flügel sind auffallend zackig ausgeschnitten. Er ist in Laub- und Mischwäldern, Parks und alten Gärten ganz Europas zu finden, fliegt aber nur in warmen Nächten.

1

2

3

1 Kiefernschwärmer

Hyloicus pinastri
(Schwärmer)

Kennzeichen: Spannweite 7,5 bis 9 cm. Vorderflügel graubraun mit verwischter Bänderung, fein meliert, Hinterflügel braun, schmale, dunkelbraun-weiß gestrichelte Flügelsäume.
Vorkommen: In ganz Europa, von Niederungen bis in 1600 m Höhe; in trockenen Nadelwäldern, vor allem in Kiefernwäldern mit sandigem Untergrund.
Flugzeiten: Anfang Mai bis August in einer Generation.
Lebensweise: Fliegt ab der frühen Dämmerung bis spät in die Nacht; schwirrt bei der Nahrungssuche von Blüte zu Blüte, bevorzugt dabei stark duftende Blüten; sitzt tagsüber, bestens getarnt, an Nadelholzstämmen; ♀ legt Eier zu 2 oder 3 auf Nadeln der Raupenfraßbäume.
Raupe: Als Jungraupe grün, später zunehmend rötlichbraun mit schwarzen Quer- und weißen Längslinien, braunem, gestreiftem Kopf und braunem oder schwarzem Hinterleibshorn. Lebt auf Kiefern oder Fichten, seltener auch auf anderen Nadelbäumen; frißt langsam an den Nadeln, auch tagsüber. Verpuppung unter der Nadelstreu oder in einem Erdkokon im Boden zu schwarzbrauner Puppe.
Überwinterung: Als Puppe.
Besonderheit: Der Kiefernschwärmer tritt kaum jemals in Massen auf, so daß er im Forst nicht zum Schädling wird, obwohl die Raupe Nadeln frißt.

2 Nachtkerzenschwärmer

Proserpinus proserpina
(Schwärmer)

Kennzeichen: Spannweite 4,5 bis 5 cm. Vorderflügel graubraun mit je einem breiten, dunkleren Querband, mehr oder weniger olivgrün überhaucht; Hinterflügel dunkelgelb bis orange mit schwarzbraunem Saum; Flügelaußenränder stark gezackt.
Vorkommen: In Südeuropa und im südlichen Mitteleuropa, bis in 1500 m Höhe; an sonnig-warmen Ufern stehender Gewässer, Fluß-, Straßen- oder Bahnböschungen, auch auf sandigen Böden.
Flugzeiten: Anfang Mai bis Ende Juni in einer Generation.
Lebensweise: Fliegt in der Dämmerung, gelegentlich auch tagsüber; schwirrender Flug, kann in der Luft »stehen«; saugt Nektar an Blüten, vorzugsweise an stark duftenden; Eiablage einzeln an Blätter der Raupenfutterpflanzen.
Raupe: Graubraun bis schmutziggrün mit schwarzen Schrägstrichen, Hinterleibshorn nur als Höcker angedeutet. Lebt auf Nachtkerze, Blutweiderich und verschiedenen Weidenröschen-Arten; nachtaktiv. Verpuppt sich in kleiner Erdhöhle zu rotbrauner Puppe.
Überwinterung: Als Puppe.

Die Raupe des Kiefernschwärmers ernährt sich von den Kiefernnadeln.

1

2

1 Totenkopfschwärmer

Acherontia atropos
(Schwärmer)

Kennzeichen: Spannweite 11 bis 13 cm. Vorderflügel rindenähnlich gemustert, Hinterflügel und Hinterleib ockergelb-schwarz gezeichnet; auf dem Brustabschnitt eine totenkopfähnliche Zeichnung.
Vorkommen: In Afrika und Südeuropa, wandert alljährlich über die Alpen nach Norden, in günstigen Jahren bis ins Polargebiet; auf Wanderungen bis in 2000 m Höhe; bevorzugt in geschützten Tälern, auch an warmen Hängen der Mittelgebirge.
Flugzeiten: Einwanderung von Mai bis Juli, die folgende Generation von August bis Oktober.
Lebensweise: Fliegt in der späten Dämmerung und nachts; schneller, reißender Flug; saugt Blütennektar und austretenden Baumsaft; Eiablage einzeln auf die Blattunterseiten der Raupenfutterpflanzen.
Raupe: Als Jungraupe bräunlich oliv mit kalkweißen Klecksen auf den Brustsegmenten (Nachahmung von Vogelkot), später grün bis zitronengelb, mit blauen bis purpurnen Schrägstreifen auf den Seiten; Hinterleibshorn als »Schwänzchen« herabhängend; unbehaart. Lebt in erster Linie auf Kartoffel, aber auch auf anderen Pflanzen wie Tollkirsche, Liguster oder Sommerflieder; frißt nachts. Gräbt sich zur Verpuppung bis zu 20 cm tief in den Boden ein; Puppe glänzend schwarz- oder rotbraun.
Überwinterung: Als Puppe oder Falter, überlebt in Mitteleuropa jedoch den Winter nicht.
Besonderheit: Falter wie Raupe können bei Störung laute, zirpende oder knirschende Töne von sich geben.

2 Mittlerer Weinschwärmer

Deilephila elpenor
(Schwärmer)

Kennzeichen: Spannweite 6 bis 6,8 cm. Flügel und Körperbehaarung rosarot und olivgrün gebändert, Basis der Hinterflügel schwarz.
Vorkommen: In ganz Europa (außer im höchsten Norden), im Gebirge bis in 1900 m Höhe; meist auf Ödland, in Wäldern und an Uferböschungen, auch in Gärten.
Flugzeiten: Mitte Mai bis Juli in einer Generation oder bis September in 2 Generationen.
Lebensweise: Dämmerungsaktiv; saugt im Schwirrflug Nektar aus Blüten; Eiablage einzeln an Blätter der Raupennahrungspflanzen.
Raupe: Braun, am Vorderkörper auffällige Augenflecke, die in Abwehrstellung wie ein Schlangenkopf wirken. Lebt auf Springkraut- und Weidenröschenarten, Weinreben und anderen Pflanzen; nachtaktiv. Verpuppung in der Laubstreu oder flach im Boden.
Überwinterung: Als Puppe.

Die Raupe des Mittleren Weinschwärmers lebt u. a. auf dem Schmalblättrigen Weidenröschen.

1

2

1 Schönbär

Spanische Fahne
Callimorpha dominula
(Bärenspinner)

Kennzeichen: Spannweite 5 bis 6 cm. Vorderflügel schwarz mit kleineren und größeren weißen und gelben Punkten, Hinterflügel rot (selten auch gelb) mit schwarzen Flecken.
Vorkommen: In fast ganz Europa nur inselartig, nordwärts bis Mittelskandinavien, im Gebirge bis in 1500 m Höhe; auf feuchten Waldlichtungen, in Auwäldern, an Bachufern.
Flugzeiten: Ende Mai bis Mitte August in einer Generation.
Lebensweise: Fliegt am Tag, kommt aber auch nachts zu Lichtquellen; sucht auf Blüten nach Nektar; Eiablage in Grüppchen auf die Raupenfutterpflanzen.
Raupe: Schwarz mit gelblichweißen, unterbrochenen Rücken- und Seitenbändern; schwarze Haarbüschel, die auf kleinen Warzen stehen. Lebt auf vielen verschiedenen Pflanzen, z.B. Brennessel, Himbeere, Rote Heckenkirsche oder Taubnessel; tagaktiv, frißt auch im hellsten Sonnenschein; läßt sich bei Störung fallen, rollt sich fest ein und stellt sich tot. Verpuppt sich in der Laubstreu des Bodens zu einer glänzend rotbraunen Puppe, die in einem dünnen Gespinst liegt.
Überwinterung: Als junge Raupe.

2 Brauner Bär

Arctia caja
(Bärenspinner)

Kennzeichen: Spannweite 5 bis 7 cm, ♀ deutlich größer als ♂. Vorderflügel dunkelbraun mit weißer, unregelmäßiger Netzzeichnung, Hinterflügel ebenso wie Hinterleib orange mit großen schwarzen Tupfen.
Vorkommen: In ganz Europa, von Tieflagen bis in 1800 m Höhe; in lichten Wäldern, buschbestandenem Gelände, Flußniederungen, Parks und Gärten.
Flugzeiten: Ende Juni bis September in einer Generation.
Lebensweise: Fliegt nachts; nimmt keine Nahrung mehr auf (Saugrüssel rückgebildet); ♀ heftet Eier in großen Gelegen an die Blattunterseiten der Raupenfutterpflanzen.
Raupe: Schwarzbraun mit dichten Büscheln langer, an den Seiten rotbrauner Haare, die auf kleinen Warzen stehen. Lebt auf vielen verschiedenen Pflanzen; Verhalten wie beim Schönbär. Verpuppung in einem Gespinst zwischen Pflanzenstengeln am oder nahe über dem Boden.
Überwinterung: Als junge Raupe.
Ähnliche Art: Der in Mittel- und Südeuropa verbreitete **Schwarze Bär** (*Arctia villica,* Bild 3) hat schwarzgrundige, weißgefleckte Vorderflügel. Er fliegt bereits ab Ende April und gelegentlich auch am Tage.

Die Raupe des Braunen Bären befrißt verschiedene krautige Pflanzen, hier z.B. Ampfer.

1

2

3

1 Weißer Tigerbär

Weiße Tigermotte
Spilosoma lubricipeda
(Bärenspinner)

Kennzeichen: Spannweite 3,5 bis 4 cm. Weiß mit schwarzen Fleckchen auf den Flügeloberseiten; Brustabschnitt auffallend lang und dicht behaart; Hinterleib gelb mit einer schwarzen Punktereihe.
Vorkommen: In ganz Europa mit Ausnahme des Polargebiets, in Gebirgen bis in 1600 m Höhe; an Waldrändern, auf buschbestandenem Gelände in Parks und Gärten.
Flugzeiten: Ende April bis Ende Juli in einer Generation, in warmen Gebieten auch im August und September in einer 2. Generation.
Lebensweise: Fliegt nachts, kommt häufig zu Lichtquellen; keine Nahrungsaufnahme (Saugrüssel verkümmert); sitzt tagsüber auf Gräsern oder krautigen Pflanzen; ♀ legt Eier in großen Gruppen an Blätter der Raupenfutterpflanzen.
Raupe: Graubraun mit rotem Rückenstreifen und schwarzen Haarbüscheln. Lebt auf verschiedenen krautigen Pflanzen; als Jungraupe gesellig, später einzeln. Verpuppt sich in lockerem Gespinst am oder knapp über dem Boden zu gedrungener, rotbrauner Puppe.
Überwinterung: Als Puppe.

2 Wegerichbär

Parasemia plantaginis
(Bärenspinner)

Kennzeichen: Spannweite 3,5 bis 4 cm. Vorderflügel schwarz mit weißlicher, unregelmäßiger Streifenzeichnung, Hinterflügel beim ♂ (Bild) gelb-schwarz, seltener weiß-schwarz gefleckt oder fast ganz schwarz, beim ♀ stets rotschwarz gefleckt.
Vorkommen: In ganz Europa, bevorzugt in Hügelland und Gebirgen, dort bis in 3000 m Höhe; auf feuchten Wiesen, Waldlichtungen, in Moorgebieten.
Flugzeiten: Ende Mai bis Juli, in den höheren Lagen der Alpen bis August, in einer Generation.
Lebensweise: Tagaktiv, ♀ jedoch recht flugträge, sitzt meist in der niedrigen Krautschicht, ♂ fliegt bei Sonnenschein häufig umher.
Raupe: Schwarzbraun mit Büscheln schwarzer und rotbrauner Haare. Lebt auf niedrigen krautigen Pflanzen wie Löwenzahn, Wegerich oder Sauerampfer. Verpuppung in lockerem Gespinst am Boden.
Überwinterung: Als junge Raupe.
Weitere Art: Hoch im Gebirge, zwischen 2000 und 2600 m Höhe, findet man auch den **Hochalpen-Streifenbär** (*Grammia quenselii*, kleines Bild): ♂ schwirrt an sonnigen Tagen auf der Suche nach ♀ über Bergwiesen; Raupe schwarzgelb mit rostroten Haaren, lebt auf Löwenzahn, Wegerich, Nelkenwurz u. a. Pflanzen, überwintert zweimal.

Der Hochalpen-Streifenbär ist in seiner Färbung hervorragend an flechtenbewachsenen Felsuntergrund angepaßt.

1

2

1 Purpurbär

Rhyparia purpurata
(Bärenspinner)

Kennzeichen: Spannweite 4,5 bis 6 cm. Vorderflügel dunkelgelb mit grauen Flecken, die unterschiedlich stark ausgeprägt sein können, Hinterflügel purpurrot mit schwarzen Flecken; Hinterleib gelb bepelzt mit schwarzer Fleckenreihe.
Vorkommen: Süd- und Mitteleuropa, nördlich der Alpen nur inselartig; im Gebirge bis 1500 m Höhe; auf feuchten Wald- und Moorwiesen, Brachflächen, Heiden.
Flugzeiten: Anfang Juni bis Ende Juli in einer Generation, südlich des Alpenhauptkamms teilweise in einer zweiten Generation bis September.
Lebensweise: Spät nachts aktiv, nur ♂ fliegt gelegentlich auch im hellen Sonnenschein; ruht tagsüber an niedrigen Pflanzen, oft an Blattunterseiten.
Raupe: Dunkelgrau mit Büscheln hellgrauer, am Rücken rotbrauner (gelegentlich auch gelber) Haare. Lebt auf vielerlei krautigen Pflanzen und niedrigen Sträuchern; sonnt sich gern. Verpuppt sich in einem Gespinst am Boden zu glänzend dunkelbrauner Puppe.
Überwinterung: Als junge Raupe.

2 Russischer Bär

Euplagia quadripunctata
(Bärenspinner)

Kennzeichen: Spannweite 5,5 bis 6 cm. Vorderflügel schwarz mit gelblichweißen Binden, Hinterflügel leuchtend rot mit schwarzen Flecken; Hinterleib orange mit schwarzer Punktereihe.
Vorkommen: In Süd- und Mitteleuropa, selten über 1000 m Höhe; an trocken-warmen Hängen, auf Brachland, in Parks und Gärten.
Flugzeiten: Anfang Juli bis Anfang September in einer Generation, im Süden Sommerruhepause.
Lebensweise: Am Tage aktiv; saugt Nektar an Blüten, gern an Disteln; ♀ legt Eier in Grüppchen an Blattränder der Raupenfutterpflanzen.
Raupe: Dunkelbraun mit oranger und gelblichweißer, unterbrochener Längsstreifung, Büschel kurzer brauner Haare. Lebt auf krautigen Pflanzen wie Weidenröschen, Taubnessel oder Brennessel; nach der Überwinterung auf Hasel, Geißblatt, Himbeere und Brombeere; frißt vor allem nachts, tagsüber unter Blättern verborgen. Verpuppung in lockerem Gespinst in der Laubstreu.
Überwinterung: Als junge Raupe.
Weitere Art: Auf trocken-warmen Flächen fliegt, vor allem nachts, der **Blutbär** (auch Jakobskrautbär, *Tyria jacobaeae,* kleines Bild); seine gelb-schwarz geringelten, spärlich behaarten Raupen fressen, meist gesellig, an Greiskraut.

Das leuchtende Rot des Blutbären ist auch noch in der Dämmerung zu erkennen.

1

2

1 Weißfleck-Widderchen

Syntomis (Amata) phegea
(Widderbären)

Kennzeichen: Spannweite 3,3 bis 4 cm. Flügel blauschwarz mit weißen Punkten; langgestreckter Hinterleib mit weißlichem bis goldgelbem Rückenfleck und »Gürtel«.
Vorkommen: Süd- und Mitteleuropa, fehlt aber in Spanien, nördlich der Alpen nur inselartig, bis in 1500 m Höhe; an sonnigen Hängen und Waldrändern.
Flugzeiten: Ende Mai bis Mitte August in einer Generation.
Lebensweise: Fliegt am Tag; saugt Nektar an Blüten, häufig an Quendel und Lavendel; ♀ legt Eier in Gruppen an Blätter der Raupenfutterpflanzen.
Raupe: Dunkelgrau mit schwarzen Haarbüscheln, die auf kleinen Warzen sitzen; Kopf braunrot. Frißt auf verschiedenen krautigen Pflanzen; als Jungraupen gesellig, später einzeln. Verpuppung in einem Kokon in der Laubschicht am Boden.
Überwinterung: Als junge Raupe in einem Gemeinschaftsnest.

2 Kleines Nachtpfauenauge

Eudia pavonia
(Augen- oder Pfauenspinner)

Kennzeichen: Spannweite ♂ 5 bis 5,8 cm, ♀ 6–7,5 cm. Beim ♂ (Bild) Vorderflügel graubraun, Hinterflügel ockergelb, beim ♀ alle Flügel weißlich graubraun, beide Geschlechter mit je einem großen Augenfleck auf jedem Flügel.
Vorkommen: In ganz Europa, im Gebirge bis etwa 2000 m Höhe; in lichten Wäldern, Mooren, auf Heiden und Ödland.
Flugzeiten: Ende März bis Anfang Juni in einer Generation.
Lebensweise: ♂ tagaktiv, fliegt auf der Suche nach ♀ in schnellem Zickzack-Kurs umher; ♀ sitzt in der niedrigen Vegetation und sendet Sexuallockstoffe aus, fliegt gewöhnlich nur nachts; heftet Eier in dichten Gelegen an Zweige von Raupenfutterpflanzen.
Raupe: Jungraupen schwarz, erwachsen grasgrün mit schwarzen Flecken oder Streifen und orangegelben, beborsteten Warzen. Lebt auf Brombeere, Himbeere, Faulbaum und anderen Pflanzen; als Jungraupe gesellig. Verpuppt sich in flaschenförmigem Kokon an Zweiggabeln der Futterpflanze zu gedrungener, violettbrauner Puppe.
Überwinterung: Als Puppe, teilweise zweimal.

3 Großes Nachtpfauenauge

Wiener Nachtpfauenauge
Saturnia pyri
(Augen- oder Pfauenspinner)

Kennzeichen: Spannweite 11 bis 14 cm. Flügel graubraun mit hellen Außensäumen und je einem großen »Auge«.
Vorkommen: In Süd- und Südosteuropa, nördlich bis Südalpen und Niederösterreich, bis über 1600 m Höhe; an Waldrändern, baumbestandenen Hängen, in Obstgärten.
Flugzeiten: Anfang April bis Anfang Juni in einer Generation.
Lebensweise: Nachtaktiv; sonst wie Kleines Nachtpfauenauge.
Raupe: Zuerst schwarz, erwachsen gelbgrün mit Büscheln schwarzer Borsten auf blauen Warzen. Frißt auf Obst- und anderen Laubbäumen. Verpuppung in birnenförmigem Kokon in Zweig- oder Astgabel.
Überwinterung: Als Puppe, teilweise zweimal.
Besonderheit: Größter Schmetterling Europas.

1

2

3

1 Eichenspinner

Lasiocampa quercus
(Glucken)

Kennzeichen: Spannweite ♂ 5 bis 5,8 cm, ♀ 6–6,8 cm. ♂ (Bild) rötlich- bis dunkelbraun mit gelbem, nach außen zu verlaufendem Querband auf jedem Flügel, Vorderflügel mit weißem Mittelfleck; ♀ okkerbraun, kontrastärmer gezeichnet.
Vorkommen: In ganz Europa, bis über 2000 m Höhe; in lichten Wäldern, Hochmooren, Heckenlandschaften und Heiden.
Flugzeiten: Mitte Mai bis September in einer Generation.
Lebensweise: ♂ fliegt an sonnigen Tagen in schnellem Zickzackflug aus, um nach ♀ zu suchen; ♀ fliegt nachts, sitzt tagsüber an niedrigen Pflanzen; läßt Eier im Flug einfach fallen.
Raupe: Schwarzbraun, seitlich weiße Strichzeichnung, gelbbraun behaart. Lebt auf Weide, Eiche, Birke und anderen Laubholzarten. Verpuppt sich im Gras in einem grobfaserigen, braunen Kokon zu dicker, schwarzbrauner Puppe.
Überwinterung: Als Raupe, in kühleren Regionen auch 1–2 weitere Male als Puppe.

2 Kiefernspinner

Dendrolimus pini
(Glucken)

Kennzeichen: Spannweite ♂ 5 bis 6 cm, ♀ 6,5–7,5 cm. Sehr variabel gefärbt, Vorderflügel flächig marmoriert, mit weißem Mittelfleck, Hinterflügel einfarbig braun; ♀ (Bild) meist hellgraubraun, schwächer gezeichnet.
Vorkommen: In ganz Europa, in Gebirgen bis über 1600 m Höhe; in Nadelwald, meist Kiefernwald.
Flugzeiten: Anfang Juni bis Mitte August in einer Generation.
Lebensweise: Überwiegend nachtaktiv, ♂ fliegt manchmal auch am Tag; ♀ sehr flugträge; heftet Eier in Grüppchen an Rinde dünner Kiefernzweige.
Raupe: Graubraun mit dunkler Zeichnung und 2 blauen Flecken am Kopf, rotbraun behaart. Lebt auf Kiefern, selten auch auf Fichten, frißt deren Nadeln. Verpuppt sich in einem dichten Gespinst in Rindenspalten oder an Zweigenden zu schwarzbrauner, rötlich behaarter Puppe.
Überwinterung: Als halberwachsene Raupe zusammengerollt in der Bodenstreu.
Besonderheit: Wird gelegentlich durch Massenvermehrung zum Forstschädling.

3 Kupferglucke

Gastropacha quercifolia
(Glucken)

Kennzeichen: Spannweite ♂ 5,2 bis 5,5 cm, ♀ 7–8,5 cm. Körper und Flügel kupferrot, oft mit bläulichem Metallschimmer.
Vorkommen: In ganz Europa (außer Nordskandinavien), nicht über 900 m Höhe; in lichten Laubwäldern, Heckenlandschaften, Gärten und Obstgärten.
Flugzeiten: Mitte Juni bis August in einer Generation, im Süden in 2 Generationen.
Lebensweise: Nachtaktiv; ruht tagsüber mit zusammengelegten Flügeln an Zweigen, sieht dabei einem dürren Blatt täuschend ähnlich; ♀ heftet Eier an Blattunterseiten der Raupenfraßbäume.
Raupe: Braun mit 2 blauen Flekken hinter dem Kopf, behaart. Lebt auf verschiedenen Laubbaumarten. Verpuppung in spindelförmigem Gespinst an einem Zweig.
Überwinterung: Als halberwachsene Raupe an einem Zweig.

1

2

3

1 Schlehenspinner

Bürstenbinder, Bürstenspinner
Orgyia antiqua
(Trägspinner)

Kennzeichen: ♂ (Bild) Spannweite 2,8 – 3,2 cm, orangebraun, auf den Vorderflügeln dunkle Querlinien sowie je einen weißen Fleck; ♀ nur mit winzigen Flügelstummeln, dicker Hinterleib gelblichbraun bepelzt.
Vorkommen: In ganz Europa, im Gebirge bis in 1600 m Höhe; in Laub- und Mischwäldern, Parks und Gärten.
Flugzeiten: Mitte Mai bis Oktober in 2 – 3 Generationen.
Lebensweise: ♂ fliegt tagsüber in hektischem Zickzackflug umher, um ♀ zu suchen; ♀ flugunfähig, sitzt meist auf dem leeren Puppenkokon, lockt mit artspezifischem Duftstoff ♂ an; auch Eiablage häufig auf dem Kokon.
Raupe: Dunkelgrau mit Büscheln langer, heller Haare auf roten Warzen, am Rücken 4 bürstenartige, gelbe Haarpinsel. Lebt auf Weiden, Buchen, Eichen, Schlehen, Heidelbeere, Brombeere und vielen anderen Laubgehölzen; Verpuppung in dünnem Gespinst an einem Baumstamm, dickem Pflanzenstengel, Lattenzaun o. ä.
Überwinterung: Als Ei.

2 Schwammspinner

Lymantria dispar
(Trägspinner)

Kennzeichen: Spannweite ♂ 3,5 bis 4 cm, ♀ 4,5 – 5,5 cm. ♂ (Bild) graubraun meliert mit zarten Zackenlinien, ♀ weißlich mit feinen braunen Zackenlinien.
Vorkommen: In ganz Europa außer Nordskandinavien, im Gebirge bis in 1200 m Höhe; in Laub- und Mischwäldern, Parks, Obstgärten.
Flugzeiten: Von Anfang Juli bis Anfang September in einer Generation.
Lebensweise: Tagaktiv; nimmt keine Nahrung auf (Saugrüssel verkümmert); ♂ schwirrt auf der Suche nach ♀ in schnellem Zickzackflug umher; ♀ fliegt sehr selten, sitzt gewöhnlich an Baumstämmen, verströmt aus Duftdrüse artspezifischen Lockstoff; klebt Hunderte von Eiern in einzigem Haufen an Baumrinde; an den Eiern haftende Hinterleibshaare des ♀ geben dem Gelege ein schwammähnliches Aussehen.
Raupe: Blaß ockergelb und schwarz, lange Büschel brauner Haare auf roten und schwarzblauen Warzen. Frißt Blätter von Eichen, Pappeln, Obstbäumen und anderen Laubbäumen, aber auch von Nadelbäumen. Verpuppt sich in lockerem Gespinst zwischen Blättern zu rotbrauner, behaarter Puppe.
Überwinterung: Als Ei.
Besonderheit: Wird bei regionalem Massenauftreten zu gefürchtetem Baumschädling.

Die Raupe des Schwammspinners lebt häufig auf den verschiedenen Eichen-Arten.

1

2

1 Nonne

Lymantria monacha
(Trägspinner)

Kennzeichen: Spannweite ♂ 3,6 bis 4,2 cm, ♀ 4,5 – 5 cm. Vorderflügel mit schwarzen Flecken und Zackenlinien auf weißem Grund, Hinterflügel beige mit schwarzer Tupfenbordüre; ♀ (im Bild rechts) kontrastreicher gezeichnet als ♂.
Vorkommen: Im gemäßigten Europa, in Gebirgen bis in 1600 m Höhe; besonders in Nadelwäldern, aber auch in Laubwäldern.
Flugzeiten: Anfang Juli bis September in einer Generation.
Lebensweise: Fliegt in der späten Dämmerung und nachts; ♀ sehr flugträge, lockt ♂ mit artspezifischem Duftstoff an; legt Häufchen von Eiern in Rindenritzen, meist im unteren Stammbereich.
Raupe: Hell- und dunkelgrau gezeichnet, mit Büscheln kurzer, grauer Haare. Lebt vor allem auf Fichte und Kiefer, aber auch auf anderen Nadel- und Laubbäumen; als Jungraupen gesellig, später einzeln in den Baumwipfeln; frißt nachts. Verpuppt sich unter einem dünnen Gespinst am Baumstamm.
Überwinterung: Als Ei.
Besonderheit: Regionales Massenauftreten führt in Nadelforsten gelegentlich zu Kahlfraß.
Weitere Art: In lichten Laubmischwäldern, Parks und Obstgärten trifft man den **Goldafter** (*Euproctis chrysorrhoea*, Bild 2). Er verdankt seinen Namen der gelbbraunen Behaarung seines Hinterleibsendes, die in Ruhehaltung allerdings von den (fast) reinweißen Flügeln verdeckt ist. Die schwarzen, orangegefleckten Raupen leben auf Laubbäumen, wo sie sich aus Gespinst und Blättern ein stabiles Gemeinschaftsnest fertigen, das sie nur zum Fressen verlassen.

3 Streckfuß

Rotschwanz
Calliteara pudibunda
(Trägspinner)

Kennzeichen: Spannweite ♂ 4,2 bis 4,8 cm, ♀ 5,6 – 6,2 cm. Grundfarbe beige, bräunlich schattiert, beim ♂ (im Bild rechts) auf den Vorderflügeln breite braune Binde, beim ♀ nur dünne Querlinien.
Vorkommen: Im gemäßigten Europa, im Bergland bis in 1600 m Höhe; in Laubwäldern, Parks und Gärten.
Flugzeiten: Mitte April bis Ende Juli in einer Generation, gebietsweise auch im Herbst in einer 2. Generation.
Lebensweise: Fliegt nachts; ruht tagsüber an niedriger Vegetation oder Baumstämmen mit charakteristisch nach vorn gestreckten Vorderbeinen (Name!); ♀ legt Eier in Gruppen an Baumstämme.
Raupe: Meist gelb oder blaßgrün, auch grau, mit schwarzen Querbinden, lang behaart, 4 dicke, gelbliche Haarpinsel am Rücken, ein langes rotes Haarbüschel am Körperende (daher der Name Rotschwanz). Lebt vornehmlich auf Rotbuche, aber auch auf anderen Laubbäumen. Verpuppt sich am Boden in einem mit Haaren vermischten Gespinst zu schwarzbrauner Puppe mit gelblicher Behaarung.
Überwinterung: Als Puppe.

1

2

3

1 Gemeines Widderchen

Gemeines Blutströpfchen
Zygaena filipendula
(Widderchen)

Kennzeichen: Spannweite 3 bis 4 cm. Vorderflügel schwarz, metallisch blaugrün glänzend, mit je 6 karminroten Flecken; Hinterflügel karminrot mit schwarzem Saum.
Vorkommen: In ganz Europa, in Gebirgen bis über 2000 m Höhe; auf Magerwiesen, Brachland, auch an Waldrändern.
Flugzeiten: Mitte Juni bis September, südlich der Alpen schon ab Ende Mai, in einer Generation.
Lebensweise: Tagaktiv; schwirrender Flug; saugt Nektar an Blüten; läßt sich bei Bedrohung zu Boden fallen und stellt sich tot; bildet abends häufig Schlafgemeinschaften an Blüten oder Pflanzenstengeln; in Ruhehaltung Flügel dachartig zurückgelegt; ♀ heftet Eier in Gruppen auf Blattoberseiten der Raupenfutterpflanzen.
Raupe: Kurz und dick, gelbgrün mit schwarzen und gelben Fleckenreihen; Kopf schwarz; kurz behaart. Lebt auf Hornklee, seltener auch auf Esparsetten- und Kronwicken-Arten. Verpuppt sich in spindelförmigem, pergamentartigem, gelblichem Kokon an Pflanzenstengeln.
Überwinterung: Als Raupe, gelegentlich zweimal.
Besonderheit: Die roten Punkte stellen eine Warntracht dar, die Freßfeinden widerlichen Geschmack signalisiert.

2 Esparsetten-Widderchen

Zygaena carniolica
(Widderchen)

Kennzeichen: Spannweite 2,8 bis 3,5 cm. Vorderflügel schwarz mit blaugrünem Metallschiller, je 6 leuchtendrote, weißlich gerandete Flecken; Hinterflügel rot.
Vorkommen: In Südeuropa und inselartig in Mitteleuropa, bis in 1500 m Höhe; an trockenen, sonnigen Wiesen, Hängen, Waldrändern; an Flugstellen oft recht zahlreich.
Flugzeiten: Mitte Juni bis Ende August in einer Generation.
Lebensweise: Ähnlich dem Gemeinen Widderchen.
Raupe: Blaß blaugrün mit weißen Längslinien und schwarzer und gelber Punktezeichnung, weißlich behaart. Lebt auf Esparsetten-Arten und Hornklee. Verpuppt sich in eiförmigem, gelblichem Gespinst, das dicht über dem Boden an Pflanzenteilen befestigt ist.
Überwinterung: Als Raupe.
Weitere Art: Auf trockenwarmen Magerwiesen oder Heiden fliegt im Juli/August lokal das **Veränderliche Widderchen** (*Zygaena ephialtes*, kleines Bild), dessen blauschwarze Vorderflügel 5–6 weiße, hell- bis dunkelrote oder hell- bis dunkelgelbe Flecken tragen.

Die Farbe der Flügelflecken variiert beim Veränderlichen Widderchen recht stark.

1

2

1 Weidenkarmin

Catocala electa
(Eulenfalter)

Kennzeichen: Spannweite 6,5 bis 7,5 cm. Vorderflügel graubraun mit rindenartiger Musterung; Hinterflügel karminrot und schwarz gebändert.
Vorkommen: In Süd- und Mitteleuropa, bis in 1400 m Höhe; in Auwäldern, Flußniederungen, feuchten Parks und Gärten.
Flugzeiten: Mitte Juni bis Anfang Oktober in einer Generation.
Lebensweise: Nachtaktiv; sitzt tagsüber an Baumstämmen, die markanten Hinterflügel unter den tarnfarbenen Vorderflügeln verborgen; ♀ legt Eier einzeln in Rindenritzen.
Raupe: Ockergelb mit schwarzen Pünktchen und kleinen gelben Warzen, unbehaart. Lebt auf Weiden, deren Blätter sie nachts frißt. Verpuppt sich zu schlanker Puppe, die zwischen Blättern oder in Rindenspalten verborgen ist.
Überwinterung: Als Ei.

2 Blaues Ordensband

Catocala fraxini
(Eulenfalter)

Kennzeichen: Spannweite 8 bis 9,5 cm. Vorderflügel graubraun mit rindenartiger Zeichnung, Hinterflügel schwarzbraun mit weißem Bogensaum und hellblauer Querbinde.
Vorkommen: In ganz Europa (außer dem äußersten Süden), in Gebirgen bis in 1600 m Höhe; in Laubmischwäldern, Flußauen, seltener in Parks und alten Gärten.
Flugzeiten: Ende Juli bis November in einer Generation.
Lebensweise: Nachtaktiv; ruht tagsüber gut getarnt an Baumstämmen; saugt an reifen Früchten und austretendem Baumsaft; scheu, fliegt bei Störung rasch davon; ♀ legt die Eier einzeln in Rindenritzen.
Raupe: Grau mit brauner Sprenkelung, bauchseits abgeflacht, unbehaart. Lebt vor allem auf Pappeln, seltener auch auf Eschen und anderen Laubbäumen; frißt nachts; bei der Tagesruhe an einen Zweig geschmiegt, kaum zu erkennen. Verpuppt sich in lockerem Kokon zwischen dürrem Laub am Boden zu dunkelbrauner, bläulich bereifter, schlanker Puppe.
Überwinterung: Als Ei.

3 Gelbes Ordensband

Ephesia fulminea
(Eulenfalter)

Kennzeichen: Spannweite 5 bis 6 cm. Vorderflügel graubraun, grobzackig marmoriert; Hinterflügel sattgelb und schwarzbraun gebändert.
Vorkommen: In Süd- und Mitteleuropa, nicht über 1200 m Höhe; an sonnigen Waldrändern, buschbestandenen Hängen, in Hecken- und Parklandschaften, auch in Obstgärten.
Flugzeiten: Ende Juli bis Ende August in einer Generation.
Lebensweise: Ähnlich dem Blauen Ordensband.
Raupe: Schlank, grau oder braun, mit warziger, unregelmäßiger Oberfläche, die sie wie ein Ästchen aussehen läßt. Frißt vor allem an Schlehe, Pflaume, seltener an Eiche oder Weißdorn; hält sich meist im unteren Teil des Gehölzes auf. Verpuppt sich in lockerem Gespinst zu schlanker Puppe.
Überwinterung: Als Ei.

1

2

3

1 Zackeneule

Zimteule

Scoliopteryx libatrix

(Eulenfalter)

Kennzeichen: Spannweite 4 bis 4,5 cm. Grundfärbung hellbraun; Vorderflügel mit rötlichen Partien, Außenränder gezackt.
Vorkommen: In ganz Europa, im Süden jedoch weniger verbreitet, im Gebirge bis in 2000 m Höhe; in feuchten Wäldern, Auen, Moorgebieten, Parkanlagen, Gärten.
Flugzeiten: Anfang Juni bis August sowie in einer zweiten Generation von September (überwinternd) bis Mai.
Lebensweise: Nachtaktiv; saugt an Blüten, aber auch an reifen Früchten; ♀ legt Eier an Zweige und Blätter der Raupenfraßbäume.
Raupe: Schlank, grasgrün mit gelben Seitenstreifen, unbehaart. Lebt an den Blättern von Weiden und Pappeln; läßt sich bei Störung einfach fallen. Verpuppt sich in weißem Gespinst zwischen zusammengezogenen Blättern zu langgestreckter, mattschwarzer Puppe.
Überwinterung: Als Falter in hohlen Baumstämmen und anderen Schlupfwinkeln, oft in Gebäuden.

2 Achateule

Phlogophora meticulosa

(Eulenfalter)

Kennzeichen: Spannweite 4,4 bis 5 cm. Vorderflügel olivbraun, rosa überhaucht, mit dunkler, V-förmiger Zeichnung; Hinterflügel gelblichbraun mit dunklen Linien.
Vorkommen: Im Mittelmeerraum beheimatet, wandert alljährlich in Mitteleuropa ein, gelegentlich bis Südskandinavien, im Gebirge bis in 2000 m Höhe; in Heckenlandschaften, auf landwirtschaftlichen Flächen und Ödland, in Gärten.
Flugzeiten: Zuwanderung von April bis Juli, nachfolgende Generation von Juli bis November.
Lebensweise: Nachtaktiv; saugt Nektar aus Blüten; Eiablage einzeln oder in kleinen Gruppen an Blätter von Raupenfutterpflanzen.
Raupe: Dick, grünlich oder braun, mit hellerer und dunklerer Linienzeichnung, unbehaart. Frißt nachts auf den verschiedensten Pflanzen, z. B. Brennessel, Winde, Ampfer, Brombeere oder Weide; hält sich tagsüber gut verborgen. Verpuppt sich in lockerem Kokon knapp unter der Erdoberfläche zu sehr schlanker, rotbrauner Puppe.
Überwinterung: Als Falter, jedoch nur südlich der Alpen.

3 Grüne Eicheneule

Aprileule

Dichonia aprilina

(Eulenfalter)

Kennzeichen: Spannweite 4 bis 4,6 cm. Grundfarbe helles Blaugrün bis dunkles Moosgrün, schwarzes Flecken- und Zackenmuster mit weißen Aufhellungen.
Vorkommen: Im gemäßigten Europa, selten über 1000 m Höhe; in trockenen Laub- und Mischwäldern, Auen, Parks und alten Gärten.
Flugzeiten: Ende August bis Mitte November in einer Generation.
Lebensweise: Nachtaktiv; saugt Nektar an Blüten; ♀ legt Eier auf Eichenzweige oder in Rindenritzen.
Raupe: Dick, rötlichbraun bis graugrün mit weißer und schwarzer Zeichnung, kurz beborstet. Lebt auf Eichen, gelegentlich auch auf anderen Laubbäumen; frißt erst im Inneren von Knospen, später frei an Blättern; nachtaktiv, tagsüber in Rindenritzen verborgen. Verpuppt sich im Kokon im Boden zu dicker, brauner Puppe.
Überwinterung: Als Ei.

1

2

3

1 Gammaeule

Autographa gamma
(Eulenfalter)

Kennzeichen: Spannweite 3,5 bis 4,2 cm. Vorderflügel braun bis grau mit rindenartiger Zeichnung, in der Flügelmitte ein weißes Zeichen, das wie der griechische Buchstabe Gamma aussieht; Hinterflügel braun, weiß gesäumt; am Vorderleib 3 abstehende Haarschöpfe.
Vorkommen: In Südeuropa, wandert alljährlich im übrigen Europa ein, in Gebirgen bis über 2000 m Höhe; auf Feldern und Wiesen, in Auen und Gärten.
Flugzeiten: Einwanderung ab Anfang April, dann bis November in 2–3 Generationen; kehrt im Herbst z. T. nach Süden zurück.
Lebensweise: Fliegt bei Tage; saugt Nektar an Blüten; Eiablage einzeln oder in Grüppchen an die Raupenfutterpflanzen.
Raupe: Grün mit weißlichen oder gelblichen Längsstreifen, spärlich beborstet. Frißt, gewöhnlich nachts, an vielen verschiedenen Wild- und Kulturpflanzen wie Klee, Erbse oder Kohl. Verpuppung in durchscheinendem Kokon zwischen Blättern zu braunschwarzer Puppe.
Überwinterung: Als Raupe, jedoch nur im Süden.

Weitere Art: Auf feuchten und trockenen Magerwiesen fliegt von Ende April bis September auch die graue, lebhaft gemusterte **Scheck-Tageule** (Klee-Bunteule, *Callistege mi*, Bild 2). Ihre sehr schlanke, hellbraune, mit Längslinien gezeichnete Raupe lebt vorwiegend an Kleearten.

3 Buchenkahneule

Jägerhütchen
Pseudoips fagana
(Eulenfalter)

Kennzeichen: Spannweite 3,2 bis 4 cm. Vorderflügel lindgrün mit helleren und dunkleren Schrägbinden; Hinterflügel beim ♂ gelblich, beim ♀ weiß.
Vorkommen: In Nord-, Mittel- und Teilen Südeuropas, bis in 1500 m Höhe; in Laub- und Mischwäldern, Heckenlandschaften, Parks.
Flugzeiten: Anfang Mai bis Ende Juli in einer Generation, im Süden bis Ende August in 2 Generationen.
Lebensweise: Nachtaktiv; ruht tagsüber gern auf Farnwedeln oder anderen niedrigen Pflanzen; kann knackende Geräusche hervorbringen; Eiablage einzeln an Blätter oder Zweige.
Raupe: Dick, grün mit dünnen gelben Seitenlinien, unbehaart. Lebt vorwiegend auf Rotbuche, aber auch auf anderen Laubbäumen wie Hainbuche, Eiche, Birke oder Esche. Verpuppt sich in kahnförmigem, papierartigem Kokon, der an einem Blatt oder in einer Rindenspalte angesponnen ist.
Überwinterung: Als Puppe.

Die Raupe der Scheck-Tageule frißt häufig an Wiesenklee.

1

2

3

1 Großer Frostspanner

Erannis defoliaria
(Spanner)

Kennzeichen: Spannweite 3,5 bis 4 cm. Beim ♂ (Bild rechts) Vorderflügel hell graubraun mit welligen Querbinden, Hinterflügel cremefarben; ♀ (kleines Bild) flügellos, Körper hellgrau mit schwarzen Flecken.
Vorkommen: In ganz Europa, in Gebirgen bis in 1400 m Höhe; an Waldrändern, in Heckenlandschaften, Parks und Gärten.
Flugzeiten: Ende September bis Dezember in einer Generation.
Lebensweise: ♂ fliegt in der Dämmerung und nachts, wird vom ♀ durch artspezifische Duftstoffe angelockt; ♀ klettert zur Paarung an Baumstamm empor; Eiablage einzeln an Blattknospen.
Raupe: Blaß bis dunkel rostbraun mit gelbem Fleckenband an den Seiten, unbehaart. Lebt auf Buchen, Eichen, Birken, Obstbäumen und anderen Laubbäumen; läßt sich bei Störung an einem Seidenfaden zu Boden gleiten. Verpuppung in einer Erdhöhle im Boden.
Überwinterung: Als Ei.
Besonderheit: Kann durch den Raupenfraß an Knospen, Blüten, Blättern und Früchten von Obstbäumen schädlich werden.

2 Netzspanner

Eustroma reticulata
(Spanner)

Kennzeichen: Spannweite 2,2 bis 2,8 cm. Vorderflügel schwarzbraun mit weißem Netzmuster, Hinterflügel grau.
Vorkommen: Im gemäßigten Europa, jedoch nicht über 1100 m Höhe; in feuchten Wäldern, schattigen Tälern und Uferzonen.
Flugzeiten: Anfang Juni bis Mitte August in einer Generation.
Lebensweise: Nachtaktiv; saugt Nektar an Blüten; ruht tagsüber mit ausgebreiteten Flügeln auf Blättern, oft am Wegrand, wo er manchmal kurz aufflattert; ♀ heftet Eier einzeln auf Blattunterseiten der Raupenfutterpflanze.
Raupe: Blaßgrün mit rotbraunen und weißen Längslinien, unbehaart. Lebt nur auf Rührmichnichtan (Großem Springkraut); frißt zuerst an Blättern, dann an Blüten und unreifen Samen. Verpuppt sich in festem Kokon zwischen Fallaub zu ockerbrauner, glänzender Puppe.
Überwinterung: Als Puppe.
Weitere Art: Im selben Lebensraum und zur gleichen Jahreszeit fliegt auch der **Traubenkirschen-Harlekin** (*Calospilos sylvata*, Bild 3). Er fliegt tagsüber ziemlich träge, kommt aber nachts häufig zum Licht. Seine weiße, schwarz und gelb gemusterte Raupe lebt vorwiegend auf Ulmen, aber auch auf anderen Laubbäumen.

Das Weibchen des Großen Frostspanners bildet keine Flügel aus.

1

2

3

1 Pantherspanner

Fleckenspanner

Pseudopanthera macularia

(Spanner)

Kennzeichen: Spannweite 2,6 bis 3 cm. Flügel goldgelb mit schwärzlichen Tupfen (Grundfärbung variiert von orange bis weißlichgelb, verblaßt mit der Zahl der Flugtage zusehends).

Vorkommen: In ganz Europa mit Ausnahme der Polarregion, bis in 1900 m Höhe, in südlichen Breiten jedoch häufiger; in lichten Wäldern, auf buschbestandenen, warmen Flächen.

Flugzeiten: Ende April bis Mitte Juli in einer Generation.

Lebensweise: Fliegt im hellen Sonnenschein; besucht eifrig Blüten zum Nektarsaugen, häufig in größerer Zahl; ruht zwischendurch auf Gräsern oder Kräutern; Eiablage an Blättern der Raupennahrungspflanzen.

Raupe: Schlank, grün mit dunklem Rücken und weißen Seitenstreifen, unbehaart. Lebt auf Taubnessel, Ziest, Gamander, Hauhechel, Minze und anderen krautigen Pflanzen, vor allem Lippenblütlern. Verpuppt sich am Boden in einem mit Erde oder Moos vermischten Gespinst.

Überwinterung: Als Puppe.

2 Zitronenspanner

Gelbspanner

Opisthograptis luteolata

(Spanner)

Kennzeichen: Spannweite 2,8 bis 4,2 cm. Flügel zitronengelb, am Vorderrand der Vorderflügel je einen weißen, dunkel gerandeten und mehrere rotbraune Flecken.

Vorkommen: In ganz Europa, bis über 1500 m Höhe; in lichten Laub- und Mischwäldern, Heckenlandschaften, Parks und Gärten.

Flugzeiten: Anfang Mai bis Mitte August in einer Generation, in warmen Regionen von April bis September in 2 Generationen.

Lebensweise: Fliegt vorwiegend nachts, gelegentlich auch tagsüber; schlägt bei Störung mit Flügeln, klappt sie dann eine Weile hoch; Eiablage an Blättern der Raupennahrungspflanzen.

Raupe: Grün oder graubraun mit höckerigem Rücken. Lebt auf Weißdorn, Schlehe und anderen Laubholzarten. Verpuppt sich in dichtem Kokon am Boden.

Überwinterung: Als Puppe, manchmal auch als Raupe.

Weitere Art: Im gleichen Lebensraum fliegt auch ein anderer gelber Falter, der **Schlehenspanner** (*Angerona prunaria*, Bild 3): Grundfärbung sehr variabel, orange bis bleichgelb, mehr oder weniger dicht grau gestrichelt, sogar dunkelbraune Exemplare treten auf. Fliegt vorwiegend nachts, aber auch in den Nachmittagsstunden. Ruht mit flach ausgebreiteten Flügeln auf Blattunterseiten. Die graubraun marmorierte Raupe lebt auf verschiedenen Laubgehölzen und überwintert.

Die Raupe des Schlehenspanners imitiert perfekt ein Zweiglein.

1

2

3

Kleine Schmetterlingskunde

»Fliegende Edelsteine« werden sie oft genannt, auch »Gaukler der Lüfte« oder »Kleinode der Natur«. Zweifellos gehören Schmetterlinge zu den bekanntesten und beliebtesten Insekten, die unsere Erde bevölkern. Dabei gilt die Sympathie der Menschen meist nur dem voll entwickelten Falter, während sein früheres Entwicklungsstadium, die Raupe, weit weniger geschätzt wird. Viele Leute ekeln sich vor Raupen, eine Reihe von Arten werden als Garten- oder Baumschädlinge rigoros bekämpft, andere finden überhaupt keine Beachtung. Doch ohne Raupe kein Schmetterling! Daher sollte das Interesse eigentlich immer beiden Lebensformen dieser faszinierenden Tiere gelten.

Was ist ein Schmetterling?

Schmetterlinge gehören zur großen Tiergruppe der Insekten. Mit über 140 000 bis heute bekannten und beschriebenen Arten bevölkern sie fast alle Gebiete der Erde.

Wie alle Insekten verfügen sie über ein Außenskelett aus Chitin, einem harten und erstaunlich widerstandsfähigen Material. Um in ihrer »Rüstung« dennoch beweglich zu sein, besteht dieser Chitinpanzer aus vielen einzelnen Platten, die durch Häutchen miteinander verbunden sind.

Der Körper ist in drei Abschnitte gegliedert: den Kopf, der die Sinnesorgane trägt, den Brustabschnitt, an dem Beine und Flügel ansetzen, und den Hinterleib.

Am Kopf fallen vor allem die beiden riesigen Augen auf. Es sind sogenannte Komplex- oder Facettenaugen, die aus vielen hundert bis mehreren tausend sechseckigen Einzelaugen zusammengesetzt sind. Diese vermitteln dem Falter ein mosaikartiges Bild seiner Umgebung. Bei einer Reihe von Arten, vor allem bei Nachtfaltern, sitzen zusätzlich noch einfache Punktaugen auf der Stirn.

Die Fühler, bei Schmetterlingen gewöhnlich Antennen genannt, sind sehr verschieden gestaltet (siehe Zeichnung Seite 1). Sie dienen als Tastorgane und nehmen Schallwellen und Erschütterungen wahr, vor allem aber sind sie die Träger des Geruchssinns. Je komplizierter die Struktur der Antennen, d. h. je größer deren Oberfläche, desto besser vermag der Falter zu riechen.

Bei den Tagfaltern findet sich an der Basis der Fühler das Jordansche Organ, eine Gruppe von Sinnesborsten, mit deren Hilfe der Falter wahrscheinlich seine Fluggeschwindigkeit messen kann.

Neben Augen und Antennen findet sich ein weiteres auffälliges Gebilde am Kopf eines Schmetterlings: der lange Saugrüssel. Unbenutzt wird dieses bewegliche, schlauchartige Saugrohr eng aufgerollt unter dem Kopf getragen. Ausgestreckt ist es bei den meisten Arten so lang, daß die Falter auch aus tiefen und sehr engen Blüten Nektar saugen können. Einige Arten, z. B. manche Eulenfalter, haben aber auch einen ziemlich kurzen, dafür aber scharfkantig gezähnten Rüssel, der sich zum Anstechen saftiger Früchte eignet.

Der Brustabschnitt besteht aus drei Chitinsegmenten, die starr miteinander verbunden sind. Von jedem geht ein Beinpaar aus. Die dünnen Beine

sind wenig tauglich zum Laufen, mit den hakenförmigen Krallen des letzten Fußglieds dienen sie vielmehr in erster Linie zum Festhalten. An den Füßen sitzen außerdem reichlich Geschmackssinneszellen, mit deren Hilfe der Falter Nahrung, aber auch bei der Eiablage die richtige Futterpflanze für seine Raupen findet.
Die beiden Flügelpaare setzen am mittleren und hinteren Brustring an. Schmetterlingsflügel sind bewunderswert zarte und zugleich erstaunlich stabile Gebilde. Ein Netz feiner Chitinröhren verleiht den häutigen Membranen die notwendige Steife. Diese Kanäle sind mit Blutflüssigkeit gefüllt und enthalten Nerven und Luftröhren. Für Schmetterlingskundler ist das genaue Muster der Flügeläderung ein wichtiges Merkmal für die systematische Einteilung der Arten und entsprechend auch für die genaue Bestimmung der Falter.
Der Laie, der Schmetterlinge bestimmen will, richtet sich gewöhnlich nur nach den charakteristischen Mustern und Färbungen der Flügel. Deren prachtvolle Farbigkeit kommt durch Millionen von Schuppen zustande, mit denen die Flügelflächen dachziegelartig bedeckt und in die verschiedenfarbige Pigmente eingelagert sind. Vielfach führt aber auch eine spezielle Struktur der Schuppen zu Lichtbrechungen und dadurch zu Metallglanz und wunderbaren Schillereffekten. Wie auch die übrige Oberfläche des Schmetterlings sind die Schuppen von einer hauchdünnen Wachsschicht überzogen, die wasserabweisend wirkt und den Falter bis zu einem gewissen Grad »wetterfest« macht. Vor allem auf den Flügeln männlicher Falter finden sich häufig sogenannte Duftschuppen, die eine wichtige Rolle beim Zusammenfinden der Geschlechter spielen. Bei manchen Arten fehlen die Schuppen stellenweise, und die durchsichtige Flügelmembran wird sichtbar.
Der Hinterleib dient in erster Linie der Fortpflanzung. Er enthält neben Darm und »Herz« (einem schlauchartigen Pumpmuskel, der die frei in den Hohlräumen des Körpers fließende gelbliche Blutflüssigkeit umwälzt) die umfangreichen und kompliziert gebauten Fortpflanzungsorgane. Auch die äußeren Geschlechtsorgane sind höchst vielfältig gestaltet und gelten bei Fachleuten als wichtiges Bestimmungskriterium für die verschiedenen Arten. Am Ende des Hinterleibs sitzen vor allem bei den Weibchen vieler Nachtfalter Duftdrüsen, durch deren Sekrete die Männchen über weite Strecken angelockt werden.

Von Sonnenanbetern und Nachtschwärmern

Die ursprüngliche und recht einfache Einteilung der Schmetterlingsarten in die Gruppen der Groß- und Kleinschmetterlinge gilt heute als veraltet (wird aus praktischen Gründen aber meist noch angewandt). Die moderne Systematik orientiert sich vorwiegend an der stammesgeschichtlichen Verwandtschaft der Arten. Seit jeher aber werden die Großschmetterlinge in Tagfalter und Nachtfalter unterschieden. Diese Einteilung beruhte in erster Linie auf der Zeit der jeweiligen Flugaktivität. Doch es gibt hierbei zahlreiche Ausnahmen, sowohl Tagfalter, die in der Dämmerung oder gar nachts rege sind, als auch Nachtfalter, die am hellichten Tag unterwegs sind. Sicher kann man die Zugehörigkeit eines Falters zu einer dieser Gruppen dagegen an bestimmten äußeren Merkmalen erkennen:
Tagfalter haben fadenförmig dünne Fühler, deren Ende kolben- oder

spindelförmig verdickt ist. In Ruhehaltung klappen sie (mit Ausnahme einiger Dickkopffalter) ihre Flügel senkrecht über dem Leib zusammen.
In Europa zählen zu den Tagfaltern die Familien der Ritterfalter, Weißlinge, Augenfalter, Edelfalter und Bläulinge sowie die Dickkopffalter.
Nachtfalter dagegen haben ganz unterschiedlich gestaltete Fühler. Sie können borstenförmig, gezähnt, gefiedert, kammartig oder mit Borstenbüscheln besetzt sein. Meist tragen die Männchen deutlich größere und stärker strukturierte Antennen als die Weibchen, müssen sie damit doch die subtilen Duftsignale paarungsbereiter Schmetterlingsdamen noch aus weiter Entfernung empfangen.
In Ruhehaltung tragen sie ihre Flügel in der Regel dachförmig oder flach an den Körper angelegt. Dabei werden die Vorderflügel größtenteils oder ganz über die Hinterflügel geschoben. Die häufig andersfarbigen und sehr kontrastreich gezeichneten Hinterflügel sind nur im Flug sichtbar und wenn sie vom Falter zur Abschreckung eines Feindes oder Störenfrieds plötzlich vorgezeigt werden.
Zu den Nachtfaltern zählen u. a. die Schwärmer, Bärenspinner, Widderbären, Augen- oder Pfauenspinner, Glucken, Trägspinner, Widderchen, Eulenfalter und Spanner.

Tarnen, warnen und täuschen

Schmetterlinge haben viele Feinde. Wäre dies nicht so, käme es dank der großen Fruchtbarkeit der Falter bald zu einer Überpopulation, die Raupen würden das Land kahlfressen und damit wiederum der eigenen Art die Lebensgrundlage entziehen. Doch sowohl Eier und Raupen als auch die Falter fallen zahlreichen Freßfeinden, wie verschiedenen Raubinsekten, Spinnen oder Vögeln, zum Opfer.
Um sich vor ihren Feinden zu schützen, haben Schmetterlinge unterschiedliche Strategien entwickelt. Viele Falter sind durch ihre Flügelfärbung und -zeichnung ausgezeichnet an den Untergrund angepaßt, auf dem sie sich normalerweise zur Ruhe niederlassen. Durch unregelmäßig gebuchtete oder gezackte Flügelränder werden überdies die Konturen verwischt und die typische Schmetterlings-Silhouette wird aufgelöst. Die Tiere verschmelzen regelrecht mit ihrer Umgebung. Vor allem (aber nicht nur) Nachtfalter, die im hellen Tageslicht ruhen, sind wahre Meister der Tarnung. Die Bilder auf Seite 150/151 zeigen einige Beispiele hierzu.
Doch nicht nur Falter, sondern auch viele Raupen und Puppen tragen ein perfektes Tarnkleid. Für Puppen, die von zahlreichen Vögeln als Leckerbissen betrachtet werden, jedoch nicht weglaufen können, ist dies besonders wichtig. Die Raupen mancher Schmetterlingsarten ändern sogar im Laufe ihrer Entwicklung ihre Färbung, wenn sie z. B. die Futterpflanze wechseln oder weil sich die Pflanze, auf der sie leben, ihrerseits allmählich verfärbt.
Etliche Falter und Raupen ahmen durch Farbe, Form und Verhalten gezielt bestimmte Gegenstände ihrer Umgebung nach, die für mögliche Freßfeinde ohne jedes Interesse sind, z. B. dürres Laub, abstehende Zweiglein, Dornen, Rindenstückchen oder sogar Vogelkot. Die Biologen nennen diese Art von Täuschungsmanövern Mimese.
Daneben gibt es Schmetterlinge, die sich der Mimikry, einer nicht minder raffinierten Art von Schutzmechanismus, bedienen. Diese Arten sind al-

les andere als unauffällig, im Gegenteil, sie stechen durch grellfarbige Muster buchstäblich ins Auge. Ihre Taktik beruht darauf, daß sie giftige, wehrhafte oder abscheulich schmeckende Tiere, die auffällige Warnfarben tragen, imitieren. Freßfeinde, die einmal üble Erfahrungen mit solchen Insekten gemacht haben, erkennen deren Warntracht und meiden diese Beutetiere wohlweislich. Indem harmlose bzw. durchaus schmackhafte Schmetterlinge die Warnsignale gefährlicher Insekten nachahmen, täuschen sie ihren Freßfeinden Gefährlichkeit vor und werden in Ruhe gelassen. So gibt es Schmetterlinge, die Hummeln, Wespen oder gar Hornissen nachahmen.
Wieder andere Schmetterlinge tragen ihre grellbunten Warnfarben durchaus zurecht. Die Widderchen etwa enthalten in ihrer Blutflüssigkeit giftige Substanzen. Ihre plakative Rot-Schwarz- oder Gelb-Schwarz-Färbung ist sehr einprägsam, und jeder Vogel, der schon einmal Bekanntschaft mit dieser Art von Beute gemacht hat, wird sich hüten, ein zweites Mal solch einen scheußlich schmeckenden Falter in den Schnabel zu nehmen. Auch giftige Raupen tragen Warnfarben. Die Raupe des Blutbärs z.B. signalisiert mit gelb-schwarzer Ringelung ihre Ungenießbarkeit. Sie wird übrigens von der völlig ungiftigen Raupe der Erleneule nachgeahmt, die sich durch diesen Bluff ihrerseits erfolgreich schützt.
Eine ganze Reihe von Faltern versteht es auch, drohende Feinde zu erschrecken. Ein kurzes Zögern oder Zurückweichen des verwirrten Angreifers nützen sie dann schleunigst zur Flucht. Wirkungsvollstes Schreckbild ist eine kontrastreiche Augenzeichnung. Häufig ist sie in Ruhehaltung verdeckt und wird bei einer Störung oder Bedrohung ganz plötzlich vorgezeigt. So klappt z.B. das Tagpfauenauge seine Flügel auseinander, um die Augen auf deren Oberseite zu präsentieren, das Abendpfauenauge spreizt mit einer schnellen Bewegung seine Vorderflügel ab und legt dadurch das Augenpaar auf den darunterliegenden Hinterflügeln frei.

Die Nahrung der Falter

Schmetterlinge werden nicht nur gefressen, sie müssen natürlich auch selbst Nahrung aufnehmen. Die meisten von ihnen jedenfalls. Es gibt allerdings auch Hungerkünstler unter ihnen, die Zeit ihres Lebens als Falter keinerlei Nahrung mehr zu sich nehmen, denn ihre Mundwerkzeuge sind verkümmert. Diese Falter leben ausschließlich von den Fettreserven, die sie sich in ihrer Raupenzeit angefressen haben. Ihre Lebensspanne ist in der Regel recht kurz.
Die Mehrzahl der Tag- und Nachtfalter aber hat einen wohlausgebildeten Saugrüssel, mit dem sie allerdings ausschließlich flüssige Nahrung aufnehmen können. Die meisten saugen zuckerhaltige Pflanzensäfte auf, in erster Linie Blütennektar, aber auch aus Wunden austretenden Baumsaft oder den Saft überreifer Früchte. Viele Falter tun sich mit Vorliebe an den ebenfalls stark zuckerhaltigen Ausscheidungen von Blattläusen, dem sog. Honigtau, gütlich. Andere wiederum nehmen Flüssigkeit von tierischen Exkrementen oder von Aas auf. Vom Totenkopfschwärmer ist bekannt, daß er Honig liebt und in Bienenstöcke eindringt, um an ihn zu gelangen. Sogar der Schweiß auf der menschlichen Haut zieht manche Schmetterlinge, vor allem Augenfalter, an. Zahlreiche Falter saugen Wasser von feuchten Bodenstellen samt den darin gelösten Mineralstoffen auf.

Tarnen und Täuschen

Raupe des Waldbrettspiels

Mondvogel (Falter)

Raupe der Nonne

Blaues Ordensband (Falter)

Puppe des Hochalpen-Widderchens

Raupe des Roten Ordensbandes

Suchbilder

Birkenspanner (Falter)

Puppe des
Großen Schillerfalters

Puppe des Osterluzeifalters

Kupferglucke (Falter)

Spannerraupe

Spannerraupe

Das Liebesleben der Schmetterlinge

Für das Zueinanderfinden von Männchen und Weibchen spielen artspezifische Duftstoffe eine ausschlaggebende Rolle. Während die Weibchen durch die Ausscheidungen ihrer am Hinterleibsende sitzenden Duftdrüsen die Männchen über große Entfernungen anlocken, wirken die Duftstoffe, die von Schmetterlingsmännchen aus Drüsen am Hinterleib, an den Beinen oder – in der Mehrzahl der Fälle – an den Flügeln abgegeben werden, über kürzere Distanz. Sie sollen die jeweils umworbenen Weibchen in Paarungsstimmung versetzen. Vor allem die Tagfalter orientieren sich aber auch optisch, d. h. sie erkennen geeignete Partner an deren Flügelfarbe und -muster. Die Männchen etlicher Arten, z.B. verschiedener Augenfalter, zeigen ein regelrechtes Revierverhalten. Sie sitzen auf einer erhöhten Warte mit gutem Ausblick und warten auf vorbeifliegende Weibchen, mit denen sie sogleich »anzubandeln« versuchen. Kommt dagegen ein anderes Männchen vorbei, wird es vehement attackiert und aus dem Gebiet vertrieben. Vor der Paarung kommt es bei verschiedenen Arten zu ausgedehnten und komplizierten Balzflügen.

Bei der Vereinigung, die stundenlang, bei Nachtfaltern sogar tagelang dauern kann, sind die Partner mit den Hinterleibsenden miteinander verbunden. Diese Verankerung der Geschlechtsorgane ist so fest, daß ein Schmetterling während der Kopulation sogar auffliegen und dabei den Partner mittragen kann.

Nach der Begattung beginnt das Weibchen über kurz oder lang mit der Eiablage. Meist werden die Eier mit einem klebrigen, wasserfesten Sekret direkt an die Futterpflanze der Raupen geheftet, je nach Art alle in einem einzigen Haufen oder auch säuberlich nebeneinandergestellt oder in einer Reihe aufgereiht. Andere Schmetterlingsweibchen plazieren ihre Eier in kleinen Grüppchen oder einzeln an geeignete Stellen, wieder andere legen sie nur in die Nähe der Futterpflanze oder lassen sie aus dem Flug über einem geeigneten Ort zu Boden fallen. Einige Dutzend Eier sind es mindestens pro Schmetterlingsweibchen, manche Arten bringen es auf mehrere Tausend Eier. Bei Arten, die die Eier einzeln an geeigneten Plätzen verstauen, kann sich die Eiablage über Wochen hinziehen. Beispiele für verschiedene Formen von Schmetterlingseiern sowie für unterschiedliche Gelegetypen sind auf der vorderen Umschlaginnenseite dargestellt.

Die Raupe

Nach einer unterschiedlich langen Entwicklungszeit, die nicht zuletzt von den herrschenden Temperaturen abhängt, ist das Räupchen im Ei fertig entwickelt und beißt sich durch die Eischale hindurch. Von nun an heißt die Devise seines Lebens: fressen, fressen und nochmals fressen. Einziger Daseinszweck jeder Raupe ist es, zu wachsen und Energiereserven für die spätere Umwandlung zum Falter zu speichern. Gleich nachdem sie Eischale und Dotterreste verzehrt hat, macht sie sich deshalb über die Futterpflanze her. Ihre Freßgier und das daraus resultierende Wachstum ist ungeheuerlich. Die Raupe des Schwalbenschwanzes bringt es fertig, ihr Gewicht innerhalb von zwei Wochen zu vertausendfachen - ein Rekord im Tierreich. Nun ist die Haut einer Raupe aber nicht unbegrenzt dehnbar und wird über kurz oder lang unweigerlich zu klein. Doch unter der alten Haut bildet sich bereits eine neue, größere, zunächst noch in Falten gelegte Hülle. Von Hormonen gesteuert stellt die Raupe einen bis drei Tage vor der Häutung das Fressen ein und bleibt regungslos sitzen. Dann sprengt sie die alte Haut hinter dem Kopf auf und streift sie nach hinten ab. Die alte Hülle wird vielfach aufgefressen. In den meisten Fällen verändert eine Raupe mit jeder Häutung ihr Aussehen. Das macht die ohnehin schon ungeheuere Vielfalt der Raupen noch größer. Es gibt Raupen in allen nur denkbaren Farben und Mustern, nackte ebenso wie kurz und borstig oder lang und weich behaarte, solche, die mit kleinen und großen Warzen besetzt sind oder die gefährlich aussehende Dornen tragen. Der Körperbau ist jedoch bei allen Raupen grundlegend gleich:

Der Kopf ist eine robuste, kugelige Kapsel. Er trägt noch keine großen Facettenaugen wie die Falter, sondern nur einige Punktaugen, dazu ein Paar winzige Fühler und mächtige, zum Kauen geeignete Kiefer.

An den drei Brustsegmenten sitzen je ein Paar zwar kurze, aber nach Art aller Insektenbeine gegliederte Brustbeine. Die Segmente des Hinterleibs tragen dagegen nur »unechte« Beine, nämlich ungegliederte Bauchfortsätze, die mit feinen Chitinhäkchen bestückt sind. Bei den meisten Raupenarten sind vier Paar dieser Bauchfüße ausgebildet, dazu noch am Hinterleibsende ein Paar sogenannte Nachschieber. Doch die Zahl der Bauchfüße schwankt bei den verschiedenen Schmetterlingsklassen. Den Spannerraupen z.B. fehlen die vorderen drei Paare, weshalb sich diese Raupen der für sie charakteristischen »spannenden« Fortbewegungsweise bedienen müssen.

Was die inneren Organe anbelangt, so ist die Raupe zwar grundlegend ähnlich, aber um einiges einfacher gebaut als der Falter. Den meisten Platz im Raupenleib beanspruchen die Verdauungsorgane sowie der Fettkörper, der dem späteren Falter als Energiereservoir dient. Dazu verfügen alle Raupen über paarige Spinndrüsen im Hinterleib, die unterschiedlich stark entwickelt sind. Mächtig ausgebildet sind sie vor allem in der Familie der Spinner. (Die Drüsenabsonderungen der Seidenspinnerraupen sind die Grundlage edler Seidenstoffe.)

Die wundersame Verwandlung

Wie das häßliche Entlein zum Schwan wird, verwandelt sich jede Raupe, wenn sie nur lange genug überlebt und viel genug gefressen hat, eines Tages zum Schmetterling. Das geht nicht von heute auf morgen, vielmehr liegt ein spezielles Ruhe- und Verwandlungsstadium dazwischen, das Puppenstadium. Bei der letzten Häutung der Raupe entsteht die Puppe, deren zunächst noch weiche Außenhaut zu einem stabilen, mehr oder weniger unbeweglichen Chitinpanzer erhärtet. Viele Raupen fertigen sich einen Kokon aus Gespinstfäden, in dessen Schutz sie sich verpuppen. Das kann eine festgewickelte Seidenhülle wie bei den Spinnern sein, aber auch ein lockeres Gespinst an Blättern oder Zweigen wie bei vielen Tagfaltern. Wieder andere Raupen verpuppen sich ohne jede Hülle. Nach der Art ihrer Befestigung lassen sich drei Typen von Puppen unterscheiden, die auch auf der vorderen Umschlaginnenseite dargestellt sind:

Stürzpuppen hängen kopfunter an einem Blatt oder Zweig oder einem anderen geeigneten Gegenstand. Sie sind mit einer Art Haken, den sie am Hinterleibsende tragen, an ihrer Unterlage festgehakt.

Gürtelpuppen stehen aufrecht, stemmen sich mit dem Hakengebilde am Hinterleib gegen die Unterlage und sind durch einen aus einem Seidenfaden gesponnenen und an der Unterlage befestigten Gürtel gegen ein Abstürzen gesichert.
Bodenpuppen liegen entweder frei am Boden, zwischen Steinen, unter Blättern der Krautschicht, an der Basis eines Grasbüschels, oder sind mehr oder weniger tief im Erdreich verborgen.
Je nach Schmetterlingsart und zudem beeinflußt durch die herrschenden Klimabedingungen dauert das Puppenstadium einige Tage bis mehrere Jahre. Während dieser Zeit vollzieht sich im Inneren der Puppenhülle die wunderbare Umwandlung von der erdgebundenen Raupe zum Gaukler der Lüfte. Der Schlüpfvorgang ist dann eine Sache weniger Sekunden oder Minuten. Frischgeschlüpft klammert sich der Falter zunächst einmal an irgendeiner erhöhten Stelle fest, um seine noch schlaffen und weichen, klein zusammengefalteten Flügel funktionstüchtig zu machen. Er pumpt dazu Luft und Blutflüssigkeit in die Flügeladern. Nach rund 10 Minuten haben sich die Flügel geglättet, und einige Stunden später sind sie auch soweit erhärtet, daß sich der Falter in die Lüfte erheben kann.

Gefährdung und Schutz

In den letzten Jahren gaukeln immer seltener Schmetterlinge über die Wiesen und Felder unserer Heimat, immer weniger besuchen die Blumen in unseren Gärten. Umfangreiche Bestandserhebungen ergaben Mitte der 80er Jahre, daß von den in der Bundesrepublik Deutschland vorkommenden rund 1300 Großschmetterlingsarten nicht weniger als 40 Prozent in ihrem Bestand mehr oder weniger stark gefährdet sind. Was ist schuld am Verschwinden der bunten Falter?

Schmetterlinge brauchen Pflanzen

Die meisten Schmetterlingsarten stellen ganz spezielle Ansprüche an ihren Lebensraum, benötigen nicht nur Blütenpflanzen als Nektarquelle, sondern vor allem bestimmte Blumen, Gräser oder Bäume als Fraßpflanzen für die Raupen. Die meisten Raupen sind nämlich recht wählerisch, was ihre Futterpflanzen anbelangt; sie verhungern lieber, als von einer »falschen« Pflanze zu fressen. Die Mehrzahl der Gräser und Kräuter, auf die Schmetterlinge angewiesen sind, wächst auf mageren, stickstoffarmen Böden. Die intensive landwirtschaftliche Nutzung der Wiesen, wie sie heute betrieben wird, geht mit einer konsequenten »Verbesserung« des Bodens durch Kunstdünger und Gülle einher. Das hat zur Folge, daß die stickstoffmeidenden Pflanzen verschwinden und mit ihnen die auf sie angewiesenen Schmetterlingsarten. Raupen, die eigentlich mit den starkwüchsigen Gräsern gedüngter Wiesen zurechtkämen, landen im Zuge der regelmäßigen Mahd in großen Mengen in Kuhmägen oder Heustöcken.
Den Waldbewohnern unter den Schmetterlingen ergeht es nicht viel besser. In der modernen Forstwirtschaft werden fast ausschließlich großflächige, dunkle Nadelholz-Aufforstungen angelegt, in denen für

blumen- und kräuterreiche Lichtungen und breite, buschbestandene Waldsäume, wie sie Schmetterlinge lieben, kein Platz bleibt.
Neben dem Verlust geeigneter Lebensräume tragen aber auch giftige Chemikalien, die als Pflanzenschutzmittel überall in Feld, Wald und Garten versprüht werden, massiv zur Gefährdung der Schmetterlinge bei. Zum einen werden durch die ausgebrachten Insektizide Raupen wie Falter direkt vernichtet, zum anderen dient das »Unkraut«, gegen das mit Herbiziden vorgegangen wird, vielen Raupen als Lebensgrundlage.

Was jeder tun kann

Nicht nur die Land- und Forstwirtschaft ist aufgerufen, auf die Schmetterlinge Rücksicht zu nehmen, Schmetterlingsschutz fängt bereits im Garten an. Wer aus einem Einheits-Zierrasen eine bunte Blumenwiese macht, wer Wildkräuter, auch Brennesseln, in einer Gartenecke duldet, wer anstelle von exotischen Ziersträuchern heimische Blütengehölze pflanzt, der hat schon einiges getan für die bunten Gaukler. Und für den Naturfreund versteht es sich von selbst, auf den Einsatz giftiger Spritzmittel nach Möglichkeit vollständig zu verzichten.
Dabei muß ein schmetterlingsfreundlicher Garten keineswegs »verwildert« und unattraktiv aussehen. Es ist nur darauf zu achten, daß von Tag- wie von Nachtfaltern Blüten mit engen, langen Kronröhren gewöhnlich bevorzugt werden. Bekannte Gartenblumen, die sowohl Menschen wie Schmetterlingen Freude machen, sind z. B. Dost, Geißblatt, Tagetes (Studentenblume), Zinnie, Goldlack, Thymian, Lavendel, Lichtnelken, Phlox, Astern, Steinkraut, Weidenröschen und – nicht zu vergessen – natürlich der Sommerflieder, der im Volksmund deshalb meist »Schmetterlingsstrauch« genannt wird.
Wichtige Raupenfutterpflanzen, für die sich sicher ein Plätzchen im Garten finden läßt (und sei es nur eine wenig genutzte Ecke), sind z. B. Brennesseln, Disteln, Fetthenne, Wiesenschaumkraut, Wilde Möhre, Sauerampfer und Hornklee sowie Gehölze wie Faulbaum, Schlehe und verschiedene Weidenarten.

Redaktion und Herstellung: Verlagsbüro Kopp
Layout und Umschlaggestaltung: Christine Mills
Zeichnungen: Christine Mills
Fotos: Reinhard: 2/3; Ruckstuhl: 113 o., 131 u., 150/151 (5); Zepf: 6/7 (alle), 160/U3 (1); alle übrigen Marktanner

Satz: Filmsatz Schröter
Reproduktion: Penta-Repro
Druck: Appl
Bindung: Auer

ISBN 3-7742-2140-5
Auflage 5. 4. 3. 2. 1.
Jahr: 99 98 97 96 95

Schmetterling-Register

Raupen in bunter Vielfalt

Kupferglucke

Streckfuß

Schlehenspanner

Hornklee-Widderchen

Trauermantel

Purpurbär

Harlekin

Tagpfauenauge

Großer Schillerfalter

Ahorneule

Totenkopfschwärmer